智慧财务
共享未来

——智能技术驱动下
企业财务共享体系建设与应用研究

刘乃芬 ◎ 著

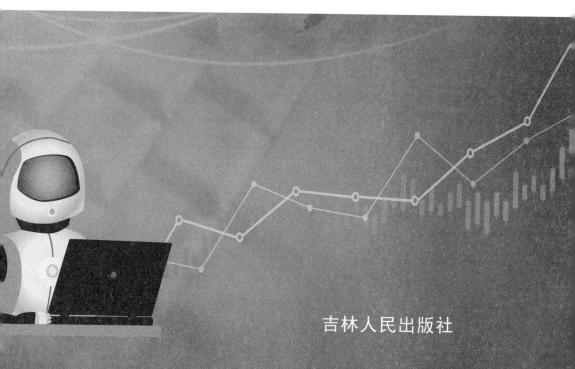

吉林人民出版社

图书在版编目 (CIP) 数据

智慧财务 共享未来 : 智能技术驱动下企业财务共享体系建设与应用研究 / 刘乃芬著 . -- 长春 : 吉林人民出版社 , 2022.3

ISBN 978-7-206-18978-4

Ⅰ . ①智… Ⅱ . ①刘… Ⅲ . ①企业管理 – 财务管理 – 资源共享 – 资源建设 – 研究 Ⅳ . ① F275-39

中国版本图书馆 CIP 数据核字 (2022) 第 038729 号

智慧财务 共享未来——智能技术驱动下企业财务共享体系建设与应用研究

ZHIHUI CAIWU GONGXIANG WEILAI——ZHINENG JISHU QUDONG XIA QIYE CAIWU GONGXIANG TIXI JIANSHE YU YINGYONG YANJIU

著 者：刘乃芬

责任编辑：赵梁爽　　　　　　　　　　封面设计：吕荣华

吉林人民出版社出版 发行（长春市人民大街 7548 号）　邮政编码：130022

印 刷：吉林省良原印业有限公司

开 本：710mm×1000mm 1/16

印 张：12.5　　　　　　　　　字 数：180 千字

标准书号：ISBN 978-7-206-18978-4

版 次：2022 年 3 月第 1 版　　　印 次：2022 年 3 月第 1 次印刷

定 价：68.00 元

　　经济的发展、竞争的加剧及技术的进步，给传统商业模式带来了巨大的冲击。层出不穷的新型商业模式和信息技术对企业财务模式及信息系统建设提出了新的要求。最近几年，我们深刻感受到，财务行业正站在向数字化转型的巨大变革点。在这个变革点上，我们更加深刻地体会到以"大智移云"和区块链为代表的新一代信息技术对财务领域的冲击和挑战。

　　一方面，随着线上与线下融合的新思想在企业运营中被广泛采用，传统的以事后处理为核心的财务模式因无法匹配前端快速响应的管理需求而面临变革。企业需要实现对更广泛业务（从记账、算账到报账、采购、税务等）的数字化处理，以适应前端的业务发展需求。另一方面，在社会发展和技术进步的推动下，经济波动的周期越来越短、越来越窄，企业经营变得越来越复杂和充满不确定性。同时，信息技术不断升级，信息、数据的产生和处理速度日益加快，使企业有能力对海量的财务数据和非财务数据进行收集、加工、分析和报告，并获得更精细的数据、更实时的分析报告、更快的预测速度和更强的计算能力。传统的财务思维和技术已经无法满足企业的需求，我们需要不断引入新的思维和技术来应对这些挑战。

　　财务共享服务成为推动财务转型的利器。财务共享通过再造财务组织和流程，帮助财务实现从会计核算型向价值创造型转变，是实现财务管理效率提升和促进企业发展的有力支撑。财政部鼓励大型企业、企业集团利用信息技术促进会计工作的集中，逐步建立财务共享服务中心，加快会计职能从重核算到重管理决策的转变。财务共享服务中心从通用电气、摩托罗拉等跨国企业发源以来，已逐渐成为全球企业提升财务效率、降低财务运行成本、实现高效集团财务管控和内部信息透明化的一项重要举措。

财务共享服务应用实践正随着时代的发展不断创新升级，在不同阶段呈现出不同的特征和轨迹。由于所处时期、应用阶段、研究视角、评价方式不同及作者研究水平的限制，本书所呈现的内容一定会存在不足和局限性，敬请读者在阅读时进行批评与指正。

刘乃芬

2021 年 10 月

目 录
Contents

第一章 智能化背景下财务共享理论概述

第一节　财务共享的内涵及理论基础

一、财务共享的内涵

（一）财务共享服务的概念及特点

20 世纪 80 年代，共享服务首先在美国的福特公司开始实施；1993 年，Gunn Partners 公司的几个创始人首次确定了"共享服务"这一创新管理思想。Bryan Bergeron（布莱恩·伯杰伦）（2003）在他的《共享服务精要》一书中这样定义共享服务：将共享服务看成企业的合作战略中的一个全新的半自主的业务单元，包含并替代现有的经营职能。该业务单元以降低成本、提高效率、创造更高的经济价值、提高对内部客户的服务质量为目标，并拥有相应的管理机构，保障其能够像企业一样，独立自主地在市场中展开竞争。陈虎、孙彦从（2014）在研究国内共享服务的相关专著和论文之后，认为共享服务的出现和发展源于信息网络技术的推动，它是一种充满创新的运营管理模式。与以往传统的管理模式不同的是，它更加注重以顾客需求为导向，所提供的专业化共享服务是以市场价格和服务水平协议为基准，将过去企业内部各业务单元分散的、重复性较高的业务整合到财务共享服务中心集中处理，达到整合资源、降低成本的目的，同时使各业务单元集中精力和资源专注于核心业务，达到提高效率、保证客户满意的效果。

"共享服务"这一创新管理理念被提出之后，受到越来越多公司的重视。那么，在什么情况下会采用这种理念呢？主要是随着企业规模不断扩大，每个分公司都需要配备同样的财务、采购、人力人员，且由于地区和公司差异造成各分公司的流程和标准的差异和多样，各个业务单位的业务量不均，这些从整个集团公司层面来说，在浪费资源的同时，大大降低了各项业务的处理效率。对于现代企业而言，"共享服务"成为企业业务流程再造和标准化、提高服务质量、降低成本、提高效率的最有效的方式。

财务共享服务是共享服务在财务领域的应用与推广，是一种全新的财务管理模式。简而言之，财务共享服务是将不同组织机构或部门的财务职能、流程进行整合后归集到一个独立或者半独立的新组织或部门中，为集团公司的内部客户提供更加专业、高效的财务服务，同时为集团财务管理降低成本，创造新的利润点。这一独立或者半独立的机构，即财务共享服务中心（Finance Shared Service Center，简称 FSSC）。财务共享服务作为一种创新性的财务工作方式，是由财务共享服务中心为集团公司提供标准化的财务工作，从而实现集团内的四大共享，其主要内容如下：①人员共享，财务共享服务中心的工作人员统一处理流程化的重复性工作；②信息共享，集团内员工可以在授权范围内共享财务服务中心中的财务数据；③运营共享，由于财务工作比较集中，财务共享服务中心可以通过统一运营、集中资金管理的方式来降低融资成本，提高投资收益；④管理共享，由财务共享服务中心统一管理会计工作，使会计信息更加规范、标准，能为集团提供更加准确的会计资料。

财务共享服务作为新型的财务管理模式，具有以下五个特点：①技术性。财务共享服务中心对先进的、高效率的信息通信技术及软件系统的依赖性很高。②规模性。企业中存在协调性差或迥异的业务活动，而财务共享服务中心可以通过整合这些业务活动形成规模经济，降低企业的交易成本。③专业性。财务共享服务中心作为一个单独的商业实体，其员工具备较强的专业能力，能为客户提供专业化的服务，能增加企业的经济价值，实现企业的价值创造。④服务性。财务共享服务中心以服务客户为目标，以提高客户的满意度为宗旨，根据顾客的不同需求来提供多样化的服务，并根据协议内容向客户收取服务费用。⑤统一性。集团建立财务共享服务中心，遵循统一的原则，建立统一的操作模式，运行统一的流程，执行统一的标准，这样有利于提高业务处理效率，促进企业规模不断扩大，实现规模经济，降低运营成本。

（二）财务共享服务的模式

企业集团财务共享服务中心的战略结构模式主要包括三种，即"全球中心""区域中心""专长中心"。

"全球中心"（见图 1-1）是将企业集团在全球范围内的某些业务流程集

中到一个财务共享服务中心进行统一处理，为全球范围内的各业务单位提供服务，促进业务流程的标准化，最大限度地发挥企业的规模经济，降低成本，增加企业价值。"全球中心"模式规模经济优势明显，但这种模式不仅需要满足不同国家和地区的业务要求，而且需要适用全球不同国家、不同地区的税务和法规。"全球中心"模式对信息技术的要求很高，它需要一个完全整合的系统，因此，建立全球统一的标准化业务处理流程是这种模式的重点和难点。

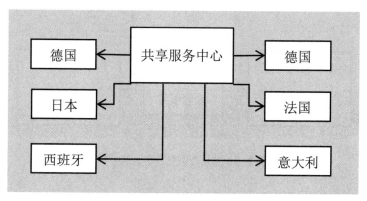

图 1-1 全球型财务共享服务中心

"区域中心"（见图 1-2）是将集团的全球业务划分为多个区域，将每个区域的业务流程集中到区域财务共享服务中心集中处理。按地理区域建立财务共享服务中心，可以制订与当地要求相符的业务流程，适应当地的税务规则和法律规范，并且使各方面的要求在相对适中的范围内统一。这种模式虽然标准化程度以及对系统和人员的要求相对较低，但有利于企业集团进行管理。

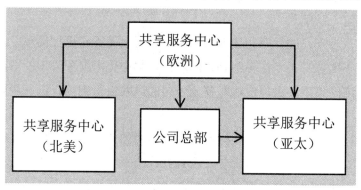

图 1-2 区域型财务共享服务中心

"专长中心"（见图1-3）是在某种 / 类功能的全球化管理和各种功能相互合作的基础上建立的，其目标是消除重复劳动，提供专业化服务，培养各类职能的专业人才。

各企业集团必须从实际出发，结合公司自身的行业特点、所处环境、发展战略等具体情况，建立适合本企业的财务共享服务中心。

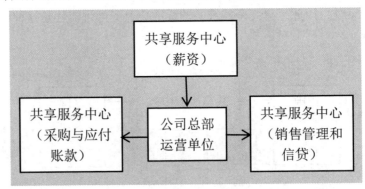

图1-3　专长型财务共享服务中心

（三）财务共享服务的优势

财务共享服务中心之所以能在大型企业得到广泛施行，是因为它具有以下五个方面的优势。

1. 降低财务工作成本

第一，财务共享服务中心通过流程再造，将业务流程和规则集中起来，并省略一些多余的步骤。这种新的工作模式更加规范、标准，为降低成本、提高效率建立基础。

第二，对流程进行简化集中，这样不仅可以使操作更加简单、规范，还为监督检查工作省去了许多不必要的步骤。集中化的财务管理使得风险也得到一定程度的集中，更加便于对各分公司的风险进行把控，进一步降低企业的运营成本和风险。

第三，财务共享服务中心能够将整个集团的资金集中管理，能够利用资金的规模效应获取更低的融资成本、更高的投资议价能力及更高的资金安全性等。

第四，建立财务共享服务中心所取得的优势可以形成良好的循环，形成基于财务共享服务中心的成本效益循环图，如图1-4所示。通过建立财务共享服务中心可以形成规模经济效应，降低成本，提高效率，进而提升企业效益；企业效益提升反过来会进一步促进规模经济效应，降低成本，提高效率。

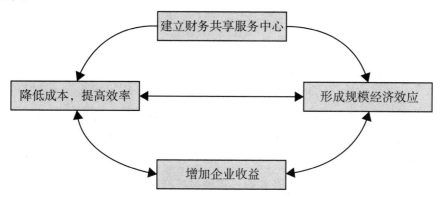

图1-4　基于财务共享服务中心的成本效益循环图

2.提高效率和服务质量

财务共享服务中心通过标准化的操作、细致的分工来加强服务的专业化程度，能够为集团公司提供高质量、高效率的财务信息。这些主要依赖于业务流程标准化、信息系统的支撑，以及管理方法的支持。

首先，业务流程标准化使得会计信息获得途径得以统一，分工更加细致，得到高效、高质量的会计信息；其次，信息系统支撑了整个流程的运作，并为异地会计信息的传递提供了工具支撑；最后，通过对财务共享服务中心运营中的绩效、服务、产品质量等管理的支持，能够进一步保障运营效率和产品质量。

财务共享服务中心的建立，可以提高集团公司整体的财务工作效率，为整个集团提供更加优质的财务服务；使财务从简单的职能部门转变为集团公司的战略伙伴，除了进行会计核算工作，还有余力为企业提供更加详细的数据分析服务。

3.促进财务部门核心业务的发展

通过规范、专业的操作，财务共享服务中心拥有较强的流程操作能力，以节省成本，保证公司战略的执行。建立财务共享服务中心，实现公司财务水平的平衡，确保不同机构财务业绩的可比性和可信度，提高财务管理风险防范能力。

财务共享服务中心为集团提供标准化的财务服务，可以有效支持企业核心业务的发展，为内部业务部门和外部客户提供足够的职能支撑，所以可以将业务部门和外部客户的重复性操作、非核心数据业务交由共享服务中心处理，而公司则重点关注核心业务。

传统财务管理模式中超过 50% 的财务资源都在交易处理和会计业务中，已经无法满足企业价值日益增长的需求，很难发挥其传统功能为企业管理提供决策和战略支持。在这一形势下，决策支持功能在整个财务功能中的占有比例应该更高，财务人员应该更多地关注能够创造直接价值的财务活动，其具体转换如图 1-5 所示。

集团公司通过财务共享服务中心实现财务转型，在企业快速扩张的时候提供有力的财务支持，也有助于企业实施发展战略，增强企业发展的潜力。当集团成立新的分支机构或兼并、收购其他公司的时候，财务共享服务中心可以以标准化的操作、较低的成本和高效率为集团和分支机构提供财务服务，这无疑有效地提高了集团公司的整合能力和核心竞争能力。

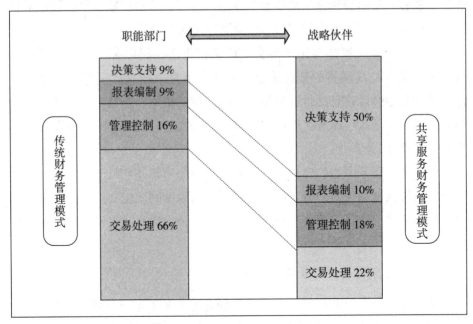

图 1-5　财务共享服务支撑财务转型

4. 增强企业扩大规模的潜力

经济全球化趋势加强，企业之间的兼并和分立愈发频繁，而企业规模扩大以后，管控难度会增大，风险会增加，常常会出现"大企业病"。财务共享服务中心的出现，为解决这一大难题提供了强有力的支持。财务共享服务中心通过标准化、专业化、流程化的运作，降低企业运作成本，为企业规模的扩大创造了条件。

5. 增加企业价值

企业财务共享服务中心本身就是一个独立的经营实体，它不仅为企业内部业务部门提供服务，还可以为外部客户提供服务，以增加企业额外收益。2017 年，全球服务外包大会在湖北武汉成功举办。根据大会数据显示，我国服务外包企业数量增多，由原来的 500 多家增长至约 4 万家；离岸服务外包金额增长 51 倍，我国成为全球第二大服务外包承接国；全国总共批准了 31 个服务外包示范城市，形成了东、中、西错位发展的总体布局；从业人员猛增，由原来的不足 6 万人增长到 856 万人。这就说明财务共享服务外包为企业开辟了新的市场，创造了新的经济增长点。

二、相关理论基础

（一）规模经济理论

规模经济理论源自美国，反映了大批量生产出现的经济性规模。亚当·斯密曾在《国富论》一书中从劳动分工和专业化的角度揭示生产效率的提高主要在于劳动分工，而劳动分工建立在一定规模生产量的基础之上，因此，劳动分工可提高生产效率，从而导致整体效率的提高，达到规模经济。马歇尔对这一理论进行了更深层次的解释。他在《经济学原理》一书中论述了规模经济的两种形成途径：一是企业通过自身对资源的充分有效利用、组织，从而促进经营效率的提高而形成的内部规模经济；二是企业通过兼并重组扩大行业规模而实现的外部规模经济。美国经济学家保罗·A.萨缪尔森在《经济学》一书中指出："导致在企业里组织生产的最强有力的因素来自大规模生产的经济性。"

规模经济是指在一定时期内，企业产品生产量扩大的同时，单位产品成本下降，从而提高企业的经营利润。财务共享服务就是将企业不同业务部门中重复性高的、烦琐的、标准化程度高的业务集中到财务共享服务中心进行处理，减少员工处理工作的时间，降低业务处理单位成本，提高效率；同时，释放出更多的人力资源投入企业核心业务上，促进企业核心业务的发展，提高经济效益，从而符合"规模经济理论"这一原理。

（二）标准化理论

"标准"一词由泰勒首先提出，其概念是对活动或其结果规定共同的和重复使用的规则、导则或特有的文件。财务共享服务以标准化原理为支撑，财务共享服务中心通过制订统一的标准、建立标准化的业务流程，降低财务管理成本，提高工作效率。

财务共享服务中心的运营和管理离不开标准化理论的支撑。财务共享服务中心通过制订、发布、实施一定的标准，将业务流程、文档资料和服务方式等规范为统一且可重复的规则，从而使业务能够规范化运作，工作效率得到提高，服务质量得到改善。

（三）委托代理理论

委托代理理论是契约理论的重要内容之一，由美国经济学家伯利和米恩斯在20世纪30年代提出。该理论提倡两权分离，即所有者在保留所有权的同时，将经营权利授予代理人，由代理人行使相应的决策权利，委托代理关系由此产生。在委托代理关系中，由于委托人与代理人作为独立个体追求的利益目标不同，委托人追求企业价值最大化，代理人则追求更多的报酬和增加闲暇时间，所以可能导致两者之间发生利益冲突。因此，在企业面临利益冲突与信息不对称的情况下，委托人如何设计最优契约对代理人进行监督和激励成为该理论的主要研究任务。委托方需要制订激励制度来激励代理人做出最有利于委托人的决策行为，同时委托人要加强对代理人代理行为的有效监督。要想解决"代理人问题"，就会产生监督成本、激励成本和剩余损失，所以委托人要寻找使这三者之和最小的措施来解决信息不对称、利益趋向不一致等代理问题。

企业集团规模扩大，分公司数量不断增加，就可以建立财务共享服务中心，促进企业资源整合。股东可以通过财务共享服务中心了解集团信息，这样可以提高集团财务信息的透明度，降低集团公司获取信息的成本，减少集团与分公司信息不对称的情况，有利于集团对分公司的有效管理，确保企业集团可持续发展。

（四）流程再造理论

迈克尔·汉默提出业务流程重组的思想，在满足客户需求的基础上，对企业目前的业务流程进行重组再造，改变企业的传统组织结构和流程。卢克认为，流程的再造和共享是财务共享服务的核心，要根据流程再造理论的内涵开展财务共享工作。流程再造首先从整体出发，对流程中重复性的流程进行再造；其次是对组织架构和业务方式的再造，从而能配合流程的再造，改变企业整体的经营管理方式并相互连接，使流程更加顺畅，并提升企业的整体绩效；最后是注重信息的共享、可靠和及时，为业务处理和决策提供可靠依据。

（五）资源整合理论

企业的资源有不同的来源、内容、层次和结构，而资源整合就是将这些资源通过选择、汲取、激活和融合创造成新的资源，使其更具有柔性、条理性、系统性和价值性的一个动态过程。企业建立财务共享服务中心就是这样一个将资源拆分又整合的过程，其结果是使企业的成本降低、处理效率提升。

（六）扁平化理论

扁平化是通过将原有的多个层级的管理组织进行精简，降低管理跨度，使高层决策能快速地传递到企业的各个管理组织，使基层的各个组织都能了解企业的高层决策并参与其中，促使决策更加透明和准确。财务共享正是改变以财务部为中心的传统组织结构，在流程再造和资源整合之后，将基础的、重复性高的财务核算工作的处理放在财务共享服务中心，其处理结果可以快速传递和共享，这样从基层到高层都能迅速地获取所需要的财务信息。

（七）系统科学理论

系统是由不同要素构成的一个有机整体，这些要素相互联系和作用。企业财务共享平台就是一个系统，能够系统性地生成，系统性地解决问题，系统性地达到企业降低成本、提高决策能力等方面的目标，是系统科学在企业财务领域、管理领域、价值管理领域、信息管理领域的新的管理方式及应用。在系统科学视野下，探讨企业财务共享系统的内外环境、各要素之间的协调合作，探索财务共享系统运行的流程、规律及结果，对丰富和发展企业财务共享平台建设具有重要的理论价值和应用价值。

第二节　财务共享的发展历程

财务共享服务从 20 世纪 80 年代发展至今已有 40 余年，全球财务共享服务中心的发展历程大致可以分为三个阶段，即 20 世纪 80 年代的初步应用阶段、20 世纪 90 年代的逐渐成熟阶段以及 21 世纪初期的成熟和持续发展阶段。[①]

在初步应用阶段，国外几家大型公司开始试水财务共享服务，此时财务共享服务理论刚被提出不久，这一创新的财务运作模式还没有足够的实践经验，实施财务共享的主要动力是为了降低随着集团扩张而日益上升的财务管理成本。

在逐渐成熟阶段，财务共享服务得到了进一步的发展，越来越多的跨国、跨地区经营的集团公司建立了财务共享服务中心，信息技术也发生了重大革新。集团对于 FSSC 的服务要求不再局限于降低成本、提升效率的初级阶段，开始以提高服务质量作为新的要求。

到了成熟和持续发展阶段，财务共享服务的功能已经从提高服务质量拓展到战略支撑；财务共享服务模式已经开始趋向成熟，并被大型集团公司广泛地采用，成为规模扩张后财务管理的必然趋势。下面是国外财务共享服务中心的发展历程，如图 1-6 所示。

[①] 秦正余. 财务共享服务与传统管理模式的比较 [J]. 新会计，2013(4):9-11.

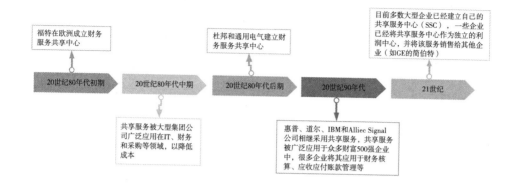

图 1-6　国外 FSSC 的发展历程图

相对于国外 FSSC 的发展，我国的 FSSC 发展时间相对较短。从 1999 年外资公司开始在中国建立财务共享服务中心，到 2005 年中兴通讯成立中国全自动的财务共享服务中心，财务共享服务开始在我国发展起来。近年来，FSSC 在我国更是呈现出高速增长的势头。

越来越多的集团公司通过建设财务共享服务中心产生规模效应，降低财务和行政管理成本。集中、标准化的财务流程，将分散在各级机构的财务数据集中起来。通过互联网技术将集团管理权利延伸到基层财务机构，实践效果得到认可，增强了内外部客户对财务共享服务中心财务产品的满意度。

通过对国内财务共享服务中心的发展历程的梳理发现，我国经济在高速增长后涌现出了一大批的大型集团，受到一批早期实施 FSSC 的跨国集团公司的启发，开始建立适应我国环境的 FSSC，但是受制于成立时间不长，在构建、实施过程中对系统构建、人才培养、风险管控等问题的处理方面还不够成熟，有些集团公司的 FSSC 停留在简单处理基础会计工作上。因此，FSSC 在我国还处于初期应用阶段和逐渐成熟阶段的过渡期，还需要一段时间进行更多的尝试与纠正，以提高 FSSC 的服务意识与质量，从而过渡到成熟阶段。我国财务共享服务中心的发展历程如图 1-7 所示。

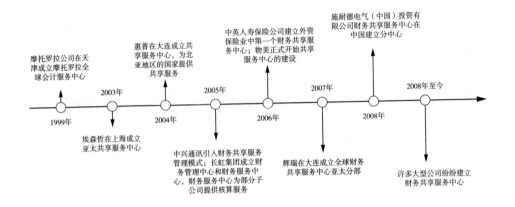

图 1-7　国内 FSSC 的发展历程图

第三节　"大智移云"技术对传统财务共享的冲击

一、"大智移云"技术概述

"大智移云"一词是在2013年8月中国互联网大会上提出的新名词。"大智移云"是将大数据、人工智能、移动互联网和云计算综合在一起，彼此相互关联。云计算技术使处理工具发生天翻地覆的变化，移动互联网使沟通媒介发生质的改变，大数据提供的数据基础成为新发明和新服务的源泉，人工智能使财务工作更加智能化。

大数据（big data）又被称为巨量资料。维克托·迈尔·舍恩伯格及肯尼思·库克耶编写的《大数据时代》中说，大数据是一种海量、高增差率和多样化的信息资产。大数据具有"5V"特征，即 Volume（大量）、Velocity（高速）、Variety（多样）、Value（价值密度）、Veracity（真实性）。在大数据时代，每天都会产生海量数据，若仅仅把大数据存储起来，并不会产生太大价值；若在合理时间内对这些海量数据进行攫取、管理和处理，会为企业带来巨大的经济增加值。[①]

[①] 龚宏程, 方晓明, 龚宏锐. 移动互联网现状和发展趋势浅析 [J]. 通信前沿, 2014(9): 9-12.

人工智能（artificial intelligence）主要是使计算机模拟人的某些思维过程和智能行为（如学习、推理、思考、规划等），主要包括计算机实现智能的原理、制造类似于人脑智能的计算机，使计算机能实现更高层次的应用。

移动互联网（mobile internet）是移动通信和互联网相互结合的产物，不仅具备移动通信随时、随地、随身的优势，还具备互联网分享、开放、互动的优势。就技术层面而言，移动互联网是以宽带 IP 为技术核心，能够同时提供语音、数据和多媒体业务的开放式基础电信网络；就终端而言，用户使用手机、笔记本等移动终端，通过移动网络随时随地获取移动通信网络服务和互联网服务。移动互联网具有终端移动性的特点，让用户可在移动中接入和使用互联网。移动互联网的高便携性创造了 PC 端上网不可比拟的优越性。移动互联网具有隐私性，让用户可使用私有移动设备进行业务处理，能够保证业务内容的隐秘性。当然，移动互联网也存在一定的局限性，可能受到无线网络传输环境和能力的影响，也可能受到终端存储能力大小、电池容量等硬性条件的影响。

云计算（cloud computing）的定义有很多。IBM（美国国际商用机器公司）认为"云计算是一种新兴的 IT 服务交付方式，应用数据和计算资源能够通过网络作为标准服务在灵活的价格下快速地提供给最终用户"。NIST（美国国家标准技术研究院）则将云计算定义为"是一种按使用量付费的模式，这种模式提供可用的、便捷的、按需的网络访问，进入可配置的计算资源共享池（资源包括网络、服务器、存储、应用软件、服务），这些资源能够被快速提供，只需进行很少的管理工作，或与服务供应商进行很少的交互"。简而言之，云计算就是建立一个资源池，将零散的计算资源集中到资源池中进行系统化、自动化处理，让用户可以根据自身需要，随时随地在资源池中获取自己所需的信息和服务。

根据部署方式不同，云计算一般分为以下三种模式：一是公有云。公有云是云计算服务商或第三方拥有并管理，通过公共网络向非单一的客户提供服务，让用户可以通过互联网来获取资源。公有云成本低，让客户可以根据自己取得服务的多少来支付费用，不存在日常的管理和维护费用；与此同时，公有云也存在客户对云端的资源缺乏控制、数据的安全性不高等问题。二是私有云。私有云是使用者为单独使用而构建的云计算模式，不对外提供云计算服务。私有云使企业能对数据保密、数据安全、服务质量进行有效把控，但是在企业内部建立私有云对资金和技术的要求非常高。三是混合云。混合云是公有云和私有云的结合，云计算服务的提供商既能满足自身需求，又对外部客户提供专业服务，它将公有云和私有云的优点集于一身，但同时对云计算服务商提出更高的要求。

大数据、人工智能、移动互联网和云计算四种信息技术相互影响、相互关联的新时代即"大智移云"时代。

二、"大智移云"技术对传统财务共享服务的冲击

（一）大数据对传统财务共享服务的冲击

1.财务信息呈现出大数据特点

大数据时代下，财务信息随着企业经营范围和规模的扩大，正逐渐呈现出大数据的特点：规模性（volume）、快速性（velocity）和多样性（variety）。

第一，财务信息迅速膨胀。大数据时代下，全球数据总量庞大且增长速度快。随着企业经营范围的逐渐扩大，与之相关的财务信息也大量增加，部分企业的财务处理效率远赶不上业务活动的开展速度，长此以往，造成了财务工作的大量积压，从而无法为企业的经营决策及时提供财务数据支持。

第二，财务信息形式多样性。大数据时代下，数据形式种类丰富。传统的数据形式主要以文本、数字为主，而新型的数据形式则包括网页、社交媒体、感知数据等。财务信息往往会随着企业的经营发展而逐渐增加，而且有部分企业目前的财务信息系统将财务信息转化为数字化语言的程度有限，仍然需要财务人员从大量的纸质资料中提取财务信息，而大数据时代的到来能帮助企业将合同、发票等纸质资料进行数据化处理，从而加快财务信息在企业内部的传递速度。

2.信息种类和格式多样化

企业信息包括财务信息和非财务信息两大类。财务信息主要以货币为计量单位，对经济交易或事项进行确认、计量、记录和报告，并提供有关会计

主体的财务状况、经营成果及现金流量等信息。非财务信息则是指与企业的生产经营活动相关的以非财务数据形式呈现的各种信息，如战略目标、顾客满意度等。企业应当综合考虑财务信息和非财务信息，并在此基础上做出生产经营决策或投融资决策，从而降低企业的运营风险。非财务信息由于可比性较差、记录成本高等，其作用没有得到充分的发挥，目前企业的资源配置和合同治理仍主要以财务信息为基础。大数据时代下，大数据计量成本的大幅度下降使得大量非财务信息更多地被记录和存储，这样有利于提升企业的管理能力，为企业创造更多的价值。

随着信息使用者需求的增多，传统的结构化数据已经不能满足要求，而代表大数据时代到来的另一象征是非结构化数据的普遍运用。大数据时代下，数据信息来源广泛，包括社交网络、顾客来访记录、电子商务网站等。大数据带来的除结构化数据以外，更多的是非结构化数据，如微博、邮件、音频、视频、文本等。大数据时代下，数据间最重要的关系是相关关系而非因果关系，企业可以利用大数据技术对结构化数据和非结构化数据进行定量分析，发现数据间的相关性，由此确定业务的发展方向。

3. 财务职能由价值保值转变为价值创造

传统财务共享服务的财务职能主要是价值保值，包括会计核算、应收应付管理、税务管理、资金结算、报表编制等基础会计工作。大数据时代到来后，财务共享服务中心由原来的费用中心、报账中心、结算中心逐渐发展成为数据中心，为企业各项决策提供数据支持。"1秒定律"对大数据的处理速度提出了要求。该定律认为，若不能在秒级时间范围内得出数据分析的结果，就会因时间太长而丧失价值。在市场机遇转瞬即逝的经济环境下，短时间内获取完整、准确的财务信息的能力是企业做出正确经营决策的前提。大数据时代下，企业能否科学、高效地利用财务数据，通过数据透视把控财务状况和经营风险，对企业未来的经营发展至关重要。大数据技术可以帮助财务共享服务中心对大量碎片化的数据进行收集、整理、分析、报告等，以满足企业财务决策、经营决策、战略决策等需要，并对传统的盈利分析、绩效分析、预算分析等财务分析工作进行变革，使财务共享服务中心在行使传统财务会计职能的基础上能够充分发挥管理会计职能，帮助企业实现价值创造。

（二）人工智能对传统财务共享服务的冲击

1.收集、处理与分析数据的自动化

人工智能是一种通过计算机来模拟人类的思维过程和智能行为的技术科学，其具备感知能力、学习能力和行为能力，可以广泛地运用在诸多领域。在财务管理领域，人工智能可以自主选择会计核算要素、自动整理分析数据、自动识别成本费用的合理性等，即自动化处理目前财务共享服务中心的主要工作。

人工智能是一种虚拟的计算机系统，不受地域限制，各分支机构可以通过采用人工智能的方式来简化其财务人员的工作。人工智能能够自动识别并收集非结构化、半结构化和结构化数据，实时处理和共享财务数据，使企业基于对信息和数据的分析做出正确的经营决策和预测，从而把握住商机。相较于传统的经营预测方法而言，基于人工智能的财务管理可以全方位地收集相关信息，并多层次、多角度地分析和预测与企业经营相关的数据指标，使财务工作由传统的数据记录转向数据处理分析。随着人工智能技术的发展和应用，财务共享服务将不只局限于简单的数据保真和集中核算工作，还将全面支持企业的战略规划、资源配置、资本运营、税务筹划、风险管控等，最终实现价值创造。

2.业财融合成为必然趋势

由于传统的财务管理技术和业务模式的局限，企业的财务与业务交易分离。财务共享服务中心虽然能对财务工作进行集中化处理，提高了企业的财务处理效率，但本质上并未消除不增值的作业环节，因而不能实现企业价值的最大化。企业财务管理只有实现与业务交易的良好衔接，才能及时、准确地将生产经营中的市场变化、成本费用等信息传递给财务部门，从而充分发挥财务管理的价值分析和控制职能。因此，建立业财融合的财务共享服务平台将成为企业的选择。

企业应充分利用人工智能、互联网、云计算等技术来构建智能财务共享服务平台。企业可以在智能财务共享服务平台的基础上搭建云端企业商城，借助电商平台与上游供应商和下游客户进行协商和沟通，利用电子发票加强

经营数据和税务数据之间的联系，实现流程的自动化、交易的透明化和数据的真实化，帮助企业回归以交易管理为核心的运营本质。

（三）移动互联网对传统财务共享服务的冲击

1.打破共享服务的时间、地域限制

随着移动互联网技术的发展和应用，越来越多的企业利用移动互联网来建设和完善自身的财务共享服务中心，使得某些共享服务可以突破时间和地域的限制，从而提高财务共享服务中心的运营效率和服务水平。

一些企业早在 2G 时代就曾尝试通过手机短信、彩信和 WAP 访问等方式实现移动审批，然而受限于当时的网络条件，能够交互的信息量较少，只能进行一些简单的移动审批。随着网络条件的改善和 App 的广泛应用，能通过财务共享服务中心实现移动审批的业务种类日益丰富。企业可以根据自身的业务情况设计研发一款专用 App。只要员工在 App 上提交业务申请，App 就会自动提醒领导及时审批业务申请，这样就可以帮助企业实现随时、随地审批，同时，员工也不用为了领导的审批签字而奔波，可以有更多的时间和精力投入企业其他更有价值的活动当中。此外，移动互联网同时结合了移动通信技术和互联网平台的优势，促进了信息的传递和共享，能够帮助企业以较低的成本实现生产、运营、管理的移动化。

2.运营管理移动化

财务共享服务可以利用移动互联网技术将其运营管理体系设置在移动端，在目标管理方面，让员工可以在移动端随时随地地查阅财务共享服务中心的目标，并开设论坛供管理层和员工讨论交流，帮助员工明确财务共享服务中心需要改善的领域；在绩效管理方面，注重企业目标和员工目标的协同，使企业和员工同步成长。财务共享服务中心负责处理员工的考勤、请假、出差、报工等，并将这些作为绩效考核的部分依据，使员工能通过手机、平板等移动端查看自身的绩效考核结果。在人员管理方面，企业可以通过移动端对员工进行在线培训和在线测评，并且定期了解财务共享服务中心员工的学习情况和知识水平。在服务管理方面，财务共享外包服务逐渐打开市场，如中兴通讯集团就以其丰富的经验为中国电信国际公司建立财务共享

服务中心提供方案咨询，长虹集团于 2008 年建立财务共享服务中心之后也为泸州老窖建设财务共享服务中心提供了外部咨询服务。财务共享的外包服务帮助众多的中小企业建立财务共享服务中心，促进了我国财务共享服务的发展。

3. 费用管理移动化

移动互联网的发展为企业财务共享服务中心建立费控系统和商旅系统提供了技术支持，使得报销管理和商旅管理变得移动化、智能化，有效地解决了员工商旅报账难且慢的问题。费用管理移动化将是财务共享服务的未来发展趋势。

目前，市场上存在多种费用报销系统，企业可以选择外购，也可以选择自行构建商旅费用报销系统。企业员工可以将商旅费用报销系统 App 下载在手机等移动端上，用工号登录 App，完善个人信息，根据业务情况设置常用的费用类型、语言、币种等。员工可以在 App 上提前申请机票、酒店等差旅费，并及时上传账单、原始票据等凭证；部门领导可随时随地在 App 上进行商旅管理和审批；财务人员也可根据上传的费用报销凭证等及时入账，实现商旅费用报销即报即得。此外，商旅费用报销系统 App 也能方便企业管理层监控业务费用从发生到最终报销的全过程，提高交易流程和费用报销的可视化、透明化。

（四）云计算对传统财务共享服务的冲击

1. 系统建设"云化"

财务共享服务中心利用移动互联网技术和云计算技术能够为客户提供"5A"服务，即任意客户（Anyone）、任意时间（Anytime）、任意地点（Anywhere）、任意财务信息（Anything）及任意设备（Anydevice）。客户即使在不知道财务共享服务中心地点和不清楚财务云业务处理流程的情况下，也可根据需要在移动端发起申请，而财务共享服务中心根据申请内容为客户提供所需信息。故而，"大智移云"背景下，企业的财务共享服务将变得更加"云化"。

财务云是财务共享服务利用大数据技术、人工智能技术、移动互联网技术和云计算技术发展出来的产物。财务云将企业的财务共享服务平台与企业信息系统进行整合，使之成为企业信息系统的组成部分之一，并将各分公司的 ERP 系统和财务共享服务中心迁移至云端，通过云平台共享企业之间的信息。传统财务共享服务中心与财务云在系统建设上的区别如图 1-8 所示。

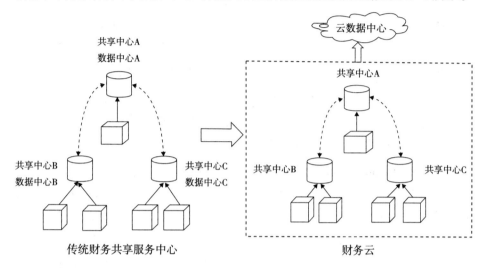

图 1-8　传统财务共享服务中心与财务云在系统建设上的区别

2. 组织架构"云化"

财务共享服务中心的组织架构随着云计算技术的发展逐渐演化为云端和客户端两个部分，且分别包含了不同的层次。

云端的云计算服务器包含了网络服务层、数据管理层、应用支撑层和应用层四个层次。其中，网络服务层向客户提供邮件、网址、认证等服务；数据管理层将数据分为元数据、基础数据、业务数据和决策数据四类，并根据数据类别进行存储；应用支撑层为企业财务共享服务中心的统计分析、网站管理、权限管理等提供支持；应用层主要负责报账管理、集中核算管理、集中支付管理和影响管理。

客户端主要提供给客户使用。客户无须掌握财务共享服务中心的地理位置和运作流程，只需要笔记本电脑、手机或平板电脑等移动设备便可向财务共享服务中心发送自己的需求，而财务共享服务中心则通过云端服务满足客户的需求。

3.运作流程"云化"

财务共享服务中心的员工按照"云"的思维，通过信息系统将业务数据传至云端，充分发挥云端的云存储功能，并从待审核的原始凭据中提取会计要素，自动进行审核和生成凭证，进行账务处理并最终输出财务报表。以云计算技术为支撑的财务共享服务有三个主要的运作流程，即云采集、云处理和云产品。

第一，云采集。财务云通过及时采集经济业务发生时的各类数据信息的方式来反映经济业务的实质。财务云通过先进的信息技术将数据信息传至云端；财务共享服务中心的员工将云端上的数据信息以经济业务类型为标准进行分类、提取和审核，并进行流程化、标准化的账务处理；经过处理的数据信息传至云端存储，方便后续的数据分析和数据挖掘等。

第二，云处理。云处理涉及将企业的业务数据进行筛选、分类、存储及传递的工作。在实务中为了减少人工干预的影响，以确保能准确、完整、及时地处理业务数据，需要科学地设置云处理的工作流程、工作机构、工作环境等。企业可利用云计算技术来进行数据挖掘，利用云存储的空间进行数据存储和备份，并充分利用防火墙、加密技术等手段保护企业的财务业务信息系统，防止企业业务信息、财务信息的不当泄露，保证企业数据信息的安全。

第三，云产品。财务共享服务中心完成云处理后会将输出的云产品传送给客户。云产品既包括单据、会计凭证、简单的会计报表等用于日常核算的简单会计产品，又包括个别财务报表、合并财务报表等用于满足企业经营管理需要和外部监管需要的复杂会计产品，还包括能为客户提供计算财务指标、经营指标并进行数据挖掘、数据分析、动因分析等功能的综合类产品。

第四节　财务共享新篇章——智能财务共享服务中心概述

大数据、人工智能、移动互联网、云计算和物联网等技术的快速发展，促使企业越来越重视数据的采集、应用与分析，并将数据作为企业的核心资产。财务共享服务中心也在积极尝试使用新技术、新方法，更加智能地收集、加工和分析数据，实现财务的数字化转型，推动"财务共享"向"智慧共享"发展。本节主要论述智能财务共享服务中心的核心价值。

一、无人化、定制化趋势明显，颠覆传统集中式财务共享模式

随着 RPA（智能财务机器人）等大量的数字技术、人工智能技术的应用，财务处理工作越来越虚拟化。原来重复性的标准化工作被财务机器人取代，财务共享服务中心的"无人化"趋势更加明显。随着外部客户、供应商、政府等协同能力的加强，整个财务生态逐步向外拓展，将财务共享作为内部平台建设的传统方式的弊端逐步显现。财务共享的 SaaS 定制化应用模式已成为必然趋势，异地协同变得越来越容易，财务共享的组织和地点选择也越来越灵活。实体组织与地理位置将不再是决定财务共享服务中心建设的关键因素，原来以集约型组织、集中化处理为特征的财务共享模式，将被彻底颠覆。

例如，大唐资本控股有限公司是大唐集团有限公司的二级子公司，存在着点多面广、产品及营业方式灵活多样、业财系统繁多复杂、财务人员少且年轻化等难点。对于该公司的国债逆回购业务，企业会计人员在操作中需要多次从银行流水、业务系统、财务共享服务中心系统中核对所需数据，而且各步骤均由人工操作，因此，各个步骤操作后仍需要再复核，重复劳动多、耗时长、效率低、错误率高。通过引入定制的国债逆回购流程套装 RPA（银行流水核对 RPA、填写原始凭证 RPA、逆回购台账生成 RPA），无论是银行流水核对、编制业务台账，还是数据指标计算，都只需要在导入基础数据后

点击 RPA 程序运行，3～5 分钟就可以把需要的数据表格准备好，随时发生且可随时生成台账。

二、促进业财深度融合，帮助财务创造价值

财务只有与业务真正一体化，才能发挥出价值创造的效力。但在实际工作中，企业财务体系往往与业务相脱节，业财融合极少能够成功落地。业财融合需要将企业运营中的三大主要流程，即业务流程、会计核算流程和管理流程进行有机融合，建立基于业务驱动的财务一体化信息处理流程，使财务数据和业务数据融为一体，最大限度地实现数据共享，实时掌控经营状况。然而在传统的企业管理体系下，业务流程、会计核算流程和管理流程各自为战，缺乏一种技术手段将其完全连接起来。智能财务共享服务平台的出现将会改变这一现状。

架构于互联网和云计算的智能财务共享服务平台可以通过连接和数字化改造，实现企业财务与业务的实时连带发生，改变了传统交易方式，改善了报销报账流程，真正实现了业务财务的深度一体化。具体而言，基于智能财务共享服务平台，企业可以搭建云端企业商城，利用电商化平台实现与供应商、客户、现场管控之间的无缝连接，并借助电子发票加强税务数据与交易的关联，回归以交易管理为核心的企业运营本质，重构传统财务处理流程，实现对员工日常消费以及大宗原材料采购的在线下单、支付。企业统一对账结算，实现交易透明化、流程自动化、数据真实化。

例如，北京元年科技股份有限公司在其智能财务共享服务平台中搭建企业消费商城，商城内不仅有京东、苏宁等标准电商平台，还支持接入企业通过招标确定的材料、服务等私有供应商，方便员工进行比价。交易发生后，供应商与企业统一结算账款，无须员工垫付。结算时，商城系统内已记账的订单自动生成清单，自动进行订单状态的核对。供应商在系统内核对清单、开具发票，而平台通过与税务平台的数据对接，自动获取发票的全部信息。在这样一个全新的业财一体化的体系中，合同、订单、发票的数据以数字化形式记录在系统中，全流程的数字化使得账务处理流程均可以由系统自动完成，业务人员把精力完全放在交易的申请、收货上面，消除了烦琐、不增值的报销、报账流程；财务人员实现了账务和税务自动化，可以从烦琐的劳动

中解脱出来，集中在业务分析、风险监控识别等有价值的工作上。

企业通过智能财务共享平台，通过连接和数字化改造，重构了传统财务处理流程，建立了高效、透明的供应商和客户信用管理体系，实现了现金流的归集和统筹使用，极大地提升了财务的顶层设计，为企业创造了价值。

三、联通"信息孤岛"，实现智能共享

基于大数据、人工智能技术，企业能够从交易源头实时获取内部各单位和外部供应商、客户等真实、准确、口径一致的财务和业务数据。这些数据通过数据捕获、智能解析、挖掘治理、可视化展现等技术，可以成为质优价廉、脉络清晰的数据，而利用这些数据，企业可以进行实时的场景化应用，反哺前端业务。随着运营数据的不断积累，财务共享服务中心的海量数据演变为企业的重要资产，满足各级管理者对于财务分析、财务预测、决策分析的需要。

例如，招商局集团是中央直接管理的国有重要骨干企业，随着集团业态多元化拓展，各板块业务不断做强、做大，但原有的财务管理体系已不能适应集团的战略要求和高速突变的市场格局。财务共享服务中心深化是突破集团转型瓶颈的重要途径。招商局港口控股有限公司携手金蝶 EAS，通过财务共享服务中心深化，逐步统一会计科目和核算项目近 2380 项，统一财务政策、制度 53 项，统一前端多个业务系统，实现财务管理的前移。通过 EAS 共享平台规范了港口的合同管理、计费规则、应收账款管理、商务管理、操作成本管理、码头操作计费系统，使智能财务共享服务中心成为企业财务业务一体化管理的重要抓手。

第二章 管控服务型财务共享及其建设

随着云计算、大数据等新 IT 技术的发展，财务由核算向管理转型的趋势愈发明显。上海国家会计学院院长指出，现如今全球正面临新经济的浪潮，新科学技术的发展除了对经济产生强大推动力，也推动了财务管理的转型与发展，带领企业走进"新财务"时代。财务共享作为管理会计领域过去30年的重要创新，在"新财务"时代也正面临着定位与价值的重组，并逐渐突出管控这一重要元素。

第一节　管控服务型财务共享概述

一、管控服务型财务共享的内涵

管控服务型财务共享是大型企业集团通过建立统一的财务共享服务中心，将企业分散在各个区域运营单元中易于标准化和规范化的财务业务进行流程再造与标准化，集中处理，降低成本，提升业务处理效率，同时借助财务共享服务中心的数据及流程支撑，纵向上加大对下属运营单元的管控力度，横向上将业务进行延伸，实现财务业务一体化，全面支撑企业集团的管理决策，更好地为经营管理服务。企业集团管控服务型财务共享服务平台的运行逻辑如图 2-1 所示。

决策财务	**董事会**	决策层
	集团办公室	
管理与控制财务	专业财务管控职能部门 （司库、成本、税务、预算、考核等）	**控制层**
业务财务	**财务共享服务中心（1~N个）** （费用报销、会计核算、纳税申报、财务报告等）	执行层
非财务	**集团共享服务平台（国内外云端业财大共享）**	
	流程优化部、信息安全部等	保障层

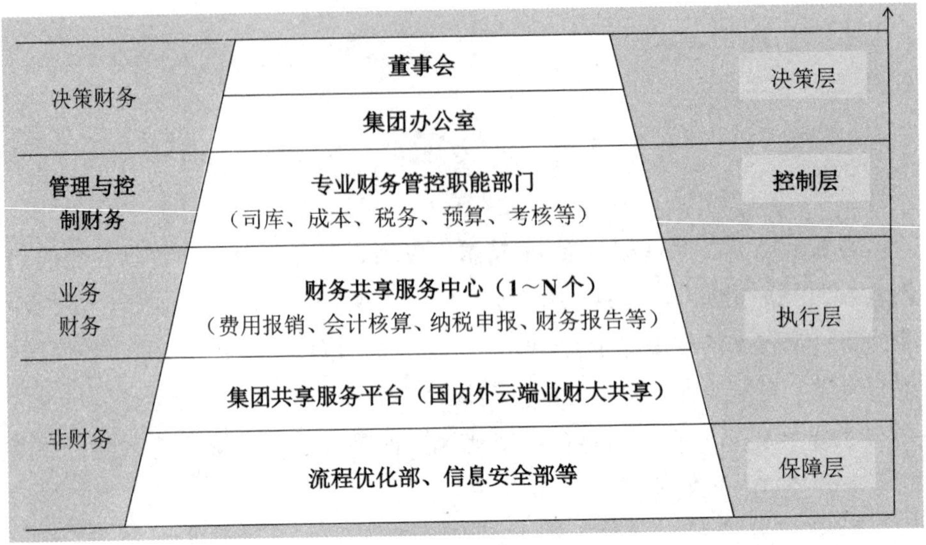

图 2-1　企业集团管控服务型财务共享服务平台的运行逻辑图

相对于传统财务共享专注于提升效率、降低运营成本，局限于服务、效率、规模三个方面，新型的管控服务型财务共享方案以"借助共享模式、加强财务管控"为核心，打造"柔性共享、精细管控、业财一体"的新模式，帮助企业集团实现财务共享服务中心与财务管控之间的深度融合。管控服务型财务共享与传统财务共享都建立在信息技术及系统之上。不同的是，传统财务共享的管理目标有两个：一是通过提供企业集团的制度标准化、运行流程简约化的运行机制，实现降低成本、提高效率的目标；二是强化集团内部集中管控，降低运行风险。管控服务型财务共享更强调管控和服务并重，而且管控是首要目标。在企业日常经营活动中，管控组织是相对刚性的，是业务执行的保障。通常来讲，财务共享服务中心的建立不应该破坏原有的业务管控体系，原有的独立核算主体不变、财务管理监督权不变以及成员单位的财务审批权、资金所有权及使用权保持不变。财务共享服务中心是服务组织，可根据企业的特点灵活设置，提供的服务内容也可以按需规划，强调管控组织和财务共享服务中心刚柔并济。

相较于以费控系统为主的一般服务型财务共享服务中心的建设，管控服务型财务共享服务中心的工作流程不是以报账为起点，而是业务驱动，即先有业务后有财务，强调横向的业务财务一体化管控，在原有集团财务及 ERP

系统的基础上，建立共享平台与业务系统的横向连接，包括由业务系统发起报账流程及从报账系统追溯业务单据，提供全价值链的财务管理服务。

除了在管控与业财一体化上有很大不同外，管控服务型财务共享服务中心与一般服务型财务共享服务中心在发展背景与动机、价值创造等方面也各有特点，二者的区别如表2-1所示。

表2-1　管控服务型财务共享服务中心与一般服务型财务共享服务中心的区别

	管控服务型财务共享服务中心	一般服务型财务共享服务中心
发展背景与动机	经济迅猛发展，企业集团规模迅速扩大。财务监管理念和手段落后，财务核算"被空心化"	经济发展缓慢和全球化扩张的产物，成本因素是企业推行财务共享服务所考虑的首要因素。泰勒主义和福特主义是其存在的理由和根源
价值创造	财务信息质量提升，财务风险可控，战略支撑	效率提升，运营成本降低，服务满意
组织定位	面向集团内部进行业务扩展，强调业务的可靠性和稳定性，对规模扩张和营利性要求并不突出	趋向成为独立运营的利润中心，将营利性作为重要的业务发展依据
组织发展	集团财务部下属职能部门之一	独立的服务机构，企业服务资源共享
组织考核	成本中心，财务部主要面向内部提供财务服务	利润中心，依据服务水平协议（SLA）进行收费，可以向外部提供服务
人员来源	部分来自内部，一般不采用计件工资	社会外聘，注重低成本，一般采用计件工资
职能角色	管控模式仍立足于财务领域和职能，并在提供财务共享服务时考虑企业集团内部其他专业性财务管理要求	去职能化，定位于基础性服务平台，只是在服务水平协议框架内考虑其追求的主要目标——服务、效率和规模
选址	一般前期选址在总部所在地	考虑成本、地方政策支持、人力资源、人员成本、综合办公成本、城市基础、IT设施等因素，综合考虑后进行选址

续　表

	管控服务型财务共享服务中心	一般服务型财务共享服务中心
信息系统	系统设计重视业务流程的协同性，财务共享系统与 ERP 系统有机集成	财务共享系统趋于独立，系统设计重视业务人员的操作便捷性

二、管控服务型财务共享在中国企业集团实施的合理性

管控服务型财务共享为中国企业带来的价值包括强化风险管控、统一信息平台、促进财务转型和降低财务运营成本四个方面，因此，比一般服务型财务共享更适合持续扩大与走向国际化的中国企业集团。如何根据企业自身状况来建设财务共享服务中心，是目前中国企业集团需要斟酌的关键问题。管控服务型财务共享服务中心建设在实际应用中往往会出现差异，会受到多种实际因素的影响，如企业的主营业务类型及集团管控类型等。下面重点从企业集团管控类型这个因素入手，探讨管控服务型财务共享在中国企业集团实施的合理性。

（一）集团管控模式——财务共享建设的基石

企业集团是现代企业的高级组织形式，以一个大企业为中心，以产品、资本、技术和契约等为纽带，将多个具有法人地位的企业联合成为有紧密利益关联和共同战略目标的经济组织。近年来，随着中国市场化导向经济的深入，企业集团无论在规模上还是在数量上均迅猛发展。

企业集团管理控制是总部管理者为实现集团组织目标，提高企业效率和经营效果，高效获取使用资源的过程。集团管控模式主要是指由于集团管控理念和目标的差异，母子公司之间的管控方式、管控重点、管控组织、管控深浅等方面不同，从而组合成若干典型的管理控制方式。企业集团运用不同的典型的管控模式来指导实践运作，从而有效实现集团战略目标和达到管控效果。

1.影响企业集团选择管控模式的三要素

影响企业集团选择管控模式的要素有三个，分别是业务相关程度、业务

重要性和业务成熟度。

业务相关程度是指集团总体定位及集团总体业务发展战略与集团子公司业务经营项目的一致性程度。母子公司业务战略的一致性越大，业务相关程度越高，两者之间呈正相关关系。业务相关程度反映了子公司在集团产业结构布局中所扮演的角色和业务板块定位。因此，它是影响母子公司管控经营模式的一个重要因素。

业务重要性是指集团子公司业务经营项目在集团总体业务中的地位和贡献程度。业务重要性可以用以下四个指标来进行说明：①资产贡献率，是指子公司的业务单元净资产在企业集团净资产总额中所占的比重。该指标表达了集团总部对子公司业务的主导能力。子公司受集团控股比例越大，其业务重要程度越高。②利润贡献率，是指子公司业务单元净利润在集团净利润总额中所占的比重。子公司净利润在集团中所占比例越大，子公司的业务重要程度就越高。③市场地位，是指子公司各业务单元的规模、地域范围及市场覆盖率。该指标反映了子公司在行业内的竞争水平和地位。④协同效应，是指子公司业务为集团其他业务拓展带来的支持程度。它包括战略价值定位协同效应及业务板块协同效应，前者指客户、渠道、产品、品牌等方面的协同性，后者指资金、共享服务、管理流程等方面的协同性。

业务成熟度是指集团子公司业务经营项目收益、发展和管理成熟程度。业务成熟度可以用净资产收益率、发展阶段和管理成熟度这三个影响因素进行考量：①净资产收益率，考察子公司各业务板块自身的获利能力，这是业务成熟度的一个重要指标。②发展阶段，是指子公司在企业成长周期所处的不同阶段。一般子公司所处的发展阶段越靠后，企业业务和管理越成熟。③管理成熟度，是子公司治理机制的完善程度、组织结构成熟度和管理制度健全度等综合能力的体现。

2.集团管控的三种模式

集团管控模式是企业集团管控研究的核心内容。根据集团总部集、分权的不同程度，总部对下属企业的管控模式可以划分成三种，分别是运营管控型、战略管控型、财务管控型。

（1）运营管控型。采用运营管控型模式的企业集团，其集团总部作为经营决策中心和生产指标管理中心，会对企业资源集中控制和管理，以追求企业经营活动统一和优化，直接管理集团的生产经营活动或具体业务。运营管控型模式与战略管控型模式和财务管控型模式相比，对各业务流程的控制更加严格，考核时会涉及业务运营各类指标，即总公司通过总部职能管理部门对下属企业的日常经营运作进行管理。为保证战略实施和目标达成，集团各种职能管理非常深入。总部保留的核心职能包括财务控制、战略、营销、销售、新业务开发、人力资源等。例如，人力资源管理部门不仅负责全集团的人事制度政策的制订，而且负责各下属公司二级管理团队及业务骨干人员的选拔、任免。运营管控型模式的主要特征是经常性地组织协调和集中化处理集团业务。

实行这种管控模式的集团，为保证总部能够正确决策并能应付、解决各种问题，总部的职能人员人数众多、规模庞大，各下属企业业务的相关性很高。例如，某集团为保证其全球"随需应变式"战略有效实施，各事业部都由总部进行集权管理，计划由总部制订，下属单位则负责保障实施。

（2）战略管控型。战略管控型模式以战略规划和战略评估两部分内容为主。该管控模式中的绩效考评是以战略相关指标而不是客观财务指标作为评价基础的。采用战略管控型模式的企业集团，其总部作为战略决策中心和投资决策中心，以追求企业总体战略控制和协同效应为总目标，采用统一战略规划和业务计划体系进行管理。企业集团总部除了在资产上对下属单位进行控制，还负责集团的财务、资产运营和集团整体的战略规划。同时，各下属企业或事业部也要制订自己的业务战略规划，并提出达成规划目标所需投入的资源预算。总部负责审批下属企业的计划并给予有附加价值的建议，批准其预算，再交由下属企业执行。公司集团对下属单位的管理主要通过年度报告或者季度报告的形式来表现。战略管控型模式是介于集权和分权之间的一种模式，既能避免财务控制的分散风险，又不影响经营的灵活性。

实行这种管控模式的集团，对各下属企业业务的相关性要求很高。为保证下属企业目标的实现及集团整体利益的最大化，集团总部的规模并不大，主要集中进行综合平衡、提高集团综合效益等工作，例如，平衡各企业间的资源需求、协调各下属企业之间的矛盾、推行"无边界企业文化"、培育高级主管、管理品牌、分享典范经验等。这种模式可以形象地表述为"上有头脑，下也有头脑"。目前，世界上大多数企业集团都采用或正在转向这种管控模式。

（3）财务管控型。财务管控型模式主要强调投资项目的财务指标，如高回报和较短的回收周期等，业绩考评主要依据客观财务指标，因此，财务管控型模式属于一种结果导向管控，需要被投资企业能够在短期内达到确定的投资回报。集团总部只负责集团的财务和资产运营、集团的财务规划、投资决策和实施监控，以及对外部企业的收购、兼并工作。集团总部每年会给下属企业制订财务目标，而下属企业只要达成财务目标就可以。虽然财务管控型模式也有相应的事前部分，如预算控制，但主要强调事后的财务结果，因为职业经理们的薪酬也主要与能反映经营业绩的财务指标联系在一起。在实行这种管控模式的集团中，各下属企业业务的相关性可以很小。

财务管控型的集团财务主体包括集团总部、事业部、子集团、分（子）公司、上市公司、生产单位等，呈现出多元化的特点。集团财务决策包括董事会决策、董事长决策、经理办公会决策、总经理决策、总部部门决策、分（子）公司内部决策等层次，呈现出多层次化的特点。集团通过设立子公司，实行资本放大效应，使得财务数据呈现出杠杆化的特点。投资领域多元化则具体指集团的投资具有跨地区、跨行业、多主体、频次高等特点。

以招商局集团为例，该集团作为国家驻港大型企业集团，采用了财务管控的模式。招商局集团的财务管控主要有两部分内容，分别是聚焦核心产业和统一财会系统。在统一财会系统方面，招商局集团所有子公司都是集团总部战略的执行者，是成本中心。招商局业务复杂，对于不同业务，先统一会计核算系统，目的是把现金流量和资金全部控制起来，做到集团财务一体化。总部通过财务管控来动态监控产业整合、结构调整带来的一系列变化，从而为进一步决策提供依据。

总的来说，三种管控模式中，运营管控型模式最严格，控制程度及深度最高，同时对管理水平的要求也最高，要求集团总部管理层能够正确决策并解决各种问题。如果大型企业集团采用运营管控型模式，可能会以牺牲子公司的业务运营效率为代价。战略管控型模式的管控程度相对适度，但需要平衡各个子公司之间的资源需求，协调它们之间的矛盾。同时，在战略管控型模式下，战略控制与评价管理难度相对更大。财务管控型模式最为宽松，控制程度及深度最低，多采用财务指标控制，它的缺点在于容易"失控"。运营管控型模式和财务管控型模式是集权和分权的两个极端，而战略管控型模式则处于中间状态。根据实际运用情况，通常又将战略管控型进一步划分为战略控制型和战略设计型，前者偏重集权，后者偏重分权。明确总部的功能定位之后，总部与下属公司间的相互关系和职责分工就比较容易理顺了，集团的具体管控模式的选择、组织形式的确定、组织内各部门职能的定位和职责划分等工作都有了明确的依据。

企业只有在明白自身的发展现状，选择合适的管控类型之后，才能做出正确的抉择和战略规划，才能在这个"新财务、大共享"时代选择适合自身现状与发展的财务共享模式，从而全面增强企业的竞争力与生命力，实现企业的可持续发展。

（二）中国企业财务共享建设加强管控的必要性

中国企业集团的长久发展需要适合自身的集团管控模式进行支撑，具体到企业的财务共享领域，也应该加强管控。一般的浅层次财务共享的核心仅在于提升效率、降低运营成本和会计核算标准化。但对于企业集团来说，在共享的基础上强化管控才能够真正实现业财一体化的深度财务共享。管控与服务并重是财务共享建设的首要目的。管控服务型财务共享更符合当前企业集团的管理需求。

根据北京国家会计学院发布的《2017中国财务共享服务中心调研报告》，国内企业建设财务共享服务中心更多地考虑能否通过财务管理模式的转变更好地支持企业管理，提高集团化管理水平。从理论上说，成本降级与加强管控是管控服务型财务共享服务中心建立的根本动因。但从被调查者的反馈来看，集团管控与会计核算服务并重的职能定位成为大多数被调查者的选择。在这次调查中，集团管控与会计服务并重的职能定位占比为49.41%；为集团核算提高会计服务质量的职能定位占比为29.41%；侧重于发挥集团管控职能的职能定位占比为21.18%。由此可见，加强集团管控是国内企业建立财务共享服务中心的首要驱动因素。

企业的迫切内需推动了管控服务型财务共享的发展。下面给出了几个现实中的案例，从例子中可以看出，建设管控型财务共享服务中心是如今大部分企业尤其是大型企业集团的强烈需求。

销售类企业在做赊销业务的时候，一般对于客户都是有信用管理的，也就是授信管理。比如说，对某客户授信 500 万，那么对该客户的发货应收累计达到 500 万后，就不能够再进行发货，必须要求客户将前期欠款需要按期支付的部分全部予以支付。有了授信额度之后，企业才会在额度内再次发货，但是公司的业务人员为了完成公司的收入指标，经过多次与公司财务人员的口头保证，私自提高了客户的授信额度，前后累计发货达到 2000 多万，最终客户因经营不善，资金链断裂，宣布破产，从而导致公司 2000 多万应收账款无法收回，给公司造成严重的损失。从这个例子中可以看出，集团下属单位财务组织分散、各自为政，集团总部缺乏有效监管，导致"有法不依，有章不循"的局面出现。

又如，由于业务模式单一、跨地域经营、毛利率低等，物业类企业集团会面临无法支撑分支机构的快速扩张、财务人员需求激增、人员成本增大等一系列挑战。

企业集团的管控需求是管控服务型财务共享服务中心发展的内在驱动力。新 IT 技术是影响企业未来共享趋势的外部力量。集团自身的业务管控类型和管控内需决定了管控服务型财务共享服务中心更适合中国企业集团的战略发展。

第二节　管控服务型财务共享服务中心的五大共享模型

一、核算共享

管控服务型财务共享五级的成熟度模型中，核算共享的应用最为广泛。核算共享模型的本质是将企业的财务工作集中起来，由一位财务人员处理多主体的日常财务工作，从而解决财务人员成本投入过大的问题。具体来讲，核算共享就是将企业集团下属的多个公司或者子公司在会计核算、账务处理等方面的工作集中到总部的财务组织进行统一核算和处理。

核算共享的建设是通过互联网技术将企业集团下属的公司进行集中与整合，提供标准化、流程化及高效率的会计核算共享服务。

在这个模型中，由集团的管理者授权给总部的财务人员，通过电算化系统进行集中记账。核算共享服务中的内容覆盖了整个企业集团全部的核算业务，总账发挥辅助核算的功能。同时，在所有的业务核算中，由集团的财务人员协同合作，并没有专人专岗的区分。简而言之，核算共享模型是一种企业集团财务管理的新应用，也是一种资源整合与规模经济在财务管理过程中的尝试。企业集团之所以会考虑选择核算共享的模型，主要是因为其下属的多个企业存在着同样的会计核算诉求，因此建立会计核算共享模型有助于企业集团实现多个方面的目标。

在财务共享的初级阶段，核算共享的信息化水平最低。企业还未建设核算共享的时候，会计核算通常采用按会计主体进行分级核算的模式，也就是说，下属公司仍保留着原来固有的财务组织，而且财务机构会随着企业经营规模的扩张而扩张。通常，企业集团每建设一个分（子）公司或者分支机构，在分（子）公司或者分支机构达到一定人员或者业务规模后，就会设置一个财务机构来满足当地的财务需求，这就造成了一种分散型财务核算模式。这种模式在一些国内的大型企业中很常见，通常由每个分（子）公司设置的财务部门进行独立核算，最后将报表层层上报，并由集团总部的财务人员进行汇总合并。如此一来，"不同的地方，相同的财务标准"的会计模式，虽然可以保证自身业务的完善处理，却存在着很多弊端。这些弊端主要体现在以下三个方面：第一，大型企业集团的分公司或者分支机构的增多在一定程度上会导致管理层次与会计主体的增加，由此很有可能会导致企业集团产生大量的内部交易，核算的复杂程度也会因此增强。这将意味着合并报表的工作人员数量增多，复杂程度增加，此外，也会导致财务报告层次多、流程长、效率低。第二，各下属公司通常开设各自的银行账户，资金被分散存放和闲置，会导致资金周转速度缓慢、使用效率低下。第三，分散核算导致会计信息的准确性和及时性低，不利于公司做出正确决策。下属公司由于缺乏有效、及时的监管，形成一个个信息孤岛，使得集团整体的信息搜集和政策制订都存在信息不对称的情况，从而埋下风险隐患。

虽然核算共享的管理成熟度的水平在这五级成熟度模型中最低，但它仍旧减少了企业财务人员成本的大量投入，大大提高了企业效率。随着 20 世纪 90 年代因特网和企业资源计划的发展，财务信息系统的集中成为可能，集中的财务模式得以发展，例如，所有分支机构的会计凭证通过扫描传送等方式交由总部统一核算。集团总部将财务人员、银行账户、资金及资源配置权、管理控制权都集中于总部，能够加强整个集团的财务管控。这种集中处理业务的方式将会简化核算层次，避免内部交易抵消不充分的现象，并且有助于缩短财务报告流程，规范会计核算，提高财务监控能力。此外，核算共享能促进资金的集中管理，降低资金成本；打破信息死角，使得会计信息得以充分共享、财务政策得到有力执行。

二、报账共享

报账共享是管控服务型财务共享五级成熟度模型中的第二级，其建立在核算共享的基础上，把前端的网上报账纳入进来，通过财务人员的共享，借助影像管理，完成共享模式下财务人员处理多单位的报账稽核及会计核算工作。比起初级的会计核算共享，报账共享在财务核算的基础上增加了费用预算、费用报账等共享服务。

目前，国内已有相当一部分企业采用了报账共享的管控服务型财务共享模型。这些集团以集团发展战略为驱动，在集团总部构建财务共享服务中心，利用信息系统，将财务人员从繁重的基础会计核算工作中解放出来，提质增效；同时，打破信息孤岛，加强风险管控与决策支持，从而提升集团管理水平。

通过与 OA 系统的集成，财务共享服务中心可以直接获取报账单据信息；同时，可以将费用标准提交给 OA 系统，用于员工报销控制。通过与影像系统的集成，财务共享服务中心可以对报账单据、原始单据、电子影像进行调阅、联查。通过与资金系统的集成，财务共享服务中心可以将报账单据付款信息传入资金系统，以便于资金系统执行付款任务。通过与财务核算系统的集成，在财务共享服务平台生成费用凭据后，可以直接传入财务核算系统，并获取正式凭证号。

通过搭建财务共享服务中心，将报账流程标准化，并统一集团及各下属单位的报销单据格式、内容及集团费用项目，加强了集团集中管理水平，还实现了 OA、HR、财务共享服务平台、影像系统、资金系统、财务核算系统等多系统的数据对接，实现了各单位高效、准确的数据交互，打破信息孤岛，为管理决策提供了数据支撑。

通过搭建影像系统平台，实现了从报销申请到填报环节的影像扫描，在审批、稽核、复核等各个环节可以使用影像的调阅、联查等功能，摆脱了纸质单据在不同地域、不同岗位间流转的束缚，提高了协同办公效率与无纸化办公水平；通过规范费用预算填报、审批等工作，夯实了费用控制基础。

三、标准财务共享

标准财务共享模型相对于核算共享模型和报账共享模型来说，共享的成熟度进一步提高，通过咨询阶段等前期规划设计，调整组织架构，再进行流程设计和优化，采购一系列软件并结合企业资源计划（即 ERP）才能实现。标准财务共享模型的应用，帮助企业成立独立的财务共享服务中心，将财务人员集中起来并进行专业化分工，搭建财务共享平台，以任务为驱动进行高效作业，提供标准化财务服务，实现财务职能的分离。在初期，标准财务共享模型帮助企业形成独立的财务共享服务中心，而财务共享服务平台的建立为企业提供了标准化的服务。人员专业化分工及流水化作业模式意味着组织、人员的根本性变革和共享模式效率的进一步提高。标准财务共享服务对流程进行了优化，对操作设置了标准，对人员进行了专业化分工，以一个独立运营的"服务部门"进行财务核算工作。基础的财务工作由专业的财务会计人员来完成，所以保证了会计记录和报告的规范、标准。财务管理人员从繁杂的财务工作中解放出来，有利于将精力集中于经营分析和战略规划，提高了对公司的经营决策支持。财务管理人员的职能得以转型，成为企业管理者的参谋、业务伙伴和企业策略合伙人。

四、业财一体化财务共享

业财一体化财务共享是在标准财务共享服务的基础上，将财务管理向前延伸，通过深度的业财一体化，将以报账为起点转变为以业务为起点，管控前移，降低财务风险，支撑企业精细化管理及内控。

在一个企业中，最核心的业务部门包括三个：采购部门、生产部门和销售部门。这三个部门对应的财务业务分别是应付、成本和应收，这三个业务也是财务中最核心的业务。在使用业财一体化的管控服务型财务共享模型时，不同类型的企业因为共享的重点不同，所以建设的具体方法也不尽相同。以金融、服务为主的企业，费用所占比重较大，因此在建设财务共享服务中心时，推荐以费用共享为主；拥有下游客户、代理商、经销商等的企业，应收账款业务更为繁多，因此需要加强对应收账款的管控；那些在供应链中上游的公司，则需要加强对应付账款的管理；那些拥有较多工厂或者生产部门的企业，则需要加强成本管理。

在费用、应收账款、应付账款、成本等项目中，应付账款与应收账款更多地关系到采购和销售，最能体现业财一体化的重要性。应收与应付关系到企业的现金流、生存和发展，因此需要重点管理。业财一体化的重要性还体现在，如果财务人员不懂采购业务，不知道采购数据，会导致对账、三单匹配、付款等方面出现问题；如果财务人员不懂销售业务，不知道销售数据，则开票、对账、核销清账、收款等就会出现问题，如此，将会增加财务和采购、销售、供应商、客户等的沟通成本和管理成本。

对于业财一体化，大多数人一般会简单地理解为业务和财务信息互通。其实，业财一体化可以分为三个阶段：第一阶段是在数据层级上，让业务和财务做到信息互通。例如，让财务人员更加了解业务流程，这样在付款和收款的环节就可以减少麻烦，降低错误率。第二阶段，在财务与业务做到信息互通后，财务部门可以针对业务数据进行分析，从而得到相应的数据报表，并根据财务指标分析结果，进一步发展和完善业务，在战术或战略层面为企业的业务发展提供有力的支持。但是，在建设财务共享上，仅仅实现业务数据分析还是不够的，因为财务共享本身就是流程的再造与优化。因此，在第三阶段，财务部门甚至可以承担业务部门的工作，从而实现深层次的共享。

业财一体化时，采购、销售等业务涉及供应商、客户、员工，因此建议企业在建设财务共享服务中心时，不要把共享当成一个独立的主体，而要将资源连接在一起，费用报账能为员工提供服务，应付账款能为供应商提供服务，应收账款能为客户提供服务。

根据财务共享服务中心涉及的范围，业财一体化共享的建设会涉及两种用户，分别是内部用户和外部用户。内部用户包含财务部门和业务部门。在财务部门，业财一体化的管控服务型财务共享服务中心通过结算平台统一处理上下游结算业务，包括对账、开票、收付款项、沟通协调、信息披露、报销凭证、应收和应付款项的核查等。业财一体化，意味着财务人员也会参与到企业的部分经营活动中。因此，在财务共享服务中心建设中，业务财务部门将发挥对账稽核和业务监控的双重功能。业务财务人员不仅要对有异议的对账单进行稽核，跟进分析处理，并在结算平台跟踪处理状态，还需要对企业的业务进行监控。业务财务人员可以通过结算平台生成业务分析报表，对业务部门的经营活动进行监控和指导。

业财一体化的财务共享服务中心建成后，财务部门对应财务职能中的控制层，他们深度参与价值链的各个环节，分布在全国甚至全球的各个子经营体成为经营决策团队的重要成员，提供全价值链业务财务管理，包括各业务单元的分析、计划、预算和业绩管理，融入业务，促进公司价值最大化。同时，业财一体化后，业务财务与企业的战略财务有效互动，使得业务财务能更加深入地落实战略财务的政策意图到基层岗位，并将基层需求反馈给战略财务层，让企业财务管理层能随时取得一线业务的情况。

企业采用业财一体化的管控服务型财务共享模型时，从建设业务财务团队出发，促进了财务对业务价值链的支撑和服务；明确企业业财一体化的定位，集团的业务财务是财务部门选派到业务单位的财务代表，扮演业务单位合作伙伴的角色，对业务单元的经营提供财务服务、支持和管理，它还负责公司相关财务战略、制度在基层业务单位的宣传和落实，及时反馈经营中存在的问题，起到业财一体化过程中的桥梁纽带作用。同时，财务融入业务后可以深度参与价值链的各个环节，成为业务单元经营决策团队的重要成员，提供全价值业务财务管理，是一种新型的业务合作伙伴关系。

业财一体化的管控服务型财务共享模型，促进财务与业务共同办公、相互交流，能较为及时、全面地了解财务数据背后的经营问题，并能够提出有针对性的建议供业务单位参考，提升财务在业务单位中的权威和地位。

五、大共享

从单纯地储存数据到利用数据，为财务管控甚至是企业决策服务，是财务共享的重大责任。财务共享服务中心的未来是大共享，意味着财务共享服务中心不只涵盖财务业务，人力资源、集中采购、市场管理、信息技术等都纳入财务共享服务中心管理范畴。在最终的大共享模型中，企业将在共享平台上建立财务共享服务中心、人力资源共享服务中心、采购共享服务中心、市场管理共享服务中心和信息技术共享服务中心。这意味着除了费用报销、应付结算、成本归集、收入与成本、总账、财务报表等方面要实现共享外，员工招聘、薪酬福利核算和发放、社会保险管理及住房公积金等人力资源管理也将被放在共享平台上运行。此外，上下游的供应商、客户管理也将被纳入共享服务范围。业务和财务融为一体，管控的力度和深度也进一步加强、加深。管控与服务并重是财务共享建设的首要目的。财务共享作为共享服务的先行者，也将统领未来大共享的发展。因此，企业集团要结合当前的管理现状、业务需求，选择适合的财务共享模式，并明确未来的优化方向。

企业在选择财务共享模式、建设财务共享服务中心时，需要根据企业自身的管控类型及特点，对可能面临的风险进行管控，小心规避风险，确保财务共享服务中心建设的顺利实施。

运营管控型的企业集团，集团总部作为运营控制中心，对集团的所有经营进行直接管控，实现一体化的业务类型，有效整合成为产业供应链；所有下属单位成为整个价值链中的一个环节。运营管控型的公司还可以整合内部资源，包括内部的人力资源管理、资金调配、物流配送、集中采购、集中销售等，集权程度很高。运营管控型的企业集团更适合业财一体化的管控服务型财务共享模型。

战略管控型的企业集团，集团总部对子公司的干涉较强，子公司有一定的自主权，通过绩效管理、精英队伍管理、预算和统一资金手段进行管理。集团总部作为战略控制中心，要求在整个集团范围内统一优化配置资源，对关键业务有一定程度的控制，对集团的战略统一规划并监控执行。业务的多元性会导致业财一体化的财务共享模型难以实施。核算共享和报账共享的财务共享模式很难帮助战略管控型企业实现对整个集团业务的有效控制。建立标准化的财务共享服务中心，是战略管控型企业的最佳选择。随着业务成熟度和业务相关度的提高，集团管控模型的发展和进一步优化，企业的财务管理可以不断向前延伸，管控前移，建设业财融合的管控服务型财务共享服务中心。

财务管控型企业集团的业务类型多呈现无关多元化，企业的核算管理诉求在于降低资金运营风险。集团总部作为投资决策中心，以追求资本价值最大化为目标。通常总部不参与日常业务运作，通过股权控制分（子）公司的重大决策，主要通过下属公司发送的报表和报告进行管理。多元化的业务类型导致财务管控型企业很难直接建设业财一体化的财务共享服务中心，必须从核算共享和报账共享等共享服务的初级阶段做起。

就中国企业集团而言，不同管控类型的企业集团对下属企业的财务共享管控模型并不存在一个"标准"或"万能"的模型，也没有"最佳"的模型，只有"最适合自己"的模型。企业集团的整体战略和管控类型会随着一些外界因素的变化而不断调整，而财务共享建设的模型也会随之改变，不断优化。当前，由于企业面临的内外部环境快速变化，企业在选取和设计业务模式、管控体系的时候不能一劳永逸，更不能简单地将一种财务共享模式进行到底，需要经常评价其合理性和有效性，根据业务发展的不同阶段以及公司的战略和战术规划进行动态调整。

第三节　管控服务型财务共享服务中心建设核心及阶段

明晰管控服务型财务共享对中国企业集团的价值后，如何将管控服务型财务共享服务中心建设落到实处，是需要企业斟酌的关键问题。在建设过程中，强化管控及实现业财融合，是管控服务型财务共享服务中心建设的两个核心点。从初步的高层设计阶段到设计与配合实施阶段以及后续的持续优化阶段，这两大核心贯穿始终。

一、建设核心：强化管控与业财融合

建设管控服务型财务共享服务中心，强化管控和业财融合是两大核心问题。对于如何强化管控这一核心问题，可以通过柔性共享来解决。柔性共享的建设模式有很多种，包括在集团总部建立财务共享服务中心、按照板块建立财务共享服务中心、按照区域建立财务共享服务中心、以项目为中心建立财务共享服务中心等。通过财务共享服务中心强化总部管控，是企业在这一

过程中需要重点考虑的事情，除此以外，无论是按照区域、板块或者项目，都不能影响原来的二级集团、三级集团的管控方式。

L 集团作为世界 500 强企业，其财务共享服务中心的建设处于国内领先水平。就该集团而言，很多大项目如果由各个二级单位承包，会产生竞争力不足及内部单位的恶性竞争等问题。因此，该集团把工程分段，把每段工程交给不同的二级、三级单位，并建立以项目为主线的财务共享服务中心。为实现大项目的通关，L 集团在总部建立财务共享服务中心，对大项目进行统一记账，实现对项目的监控，并解决同一项目在不同管理维度下的标准财务处理问题。在项目付款时，各二级、三级单位分别审批完成后再交由总部财务共享服务中心进行会计处理并付款。为支撑这个管理体系，L 集团进行了柔性共享服务中心建设：在不打破原有管控组织体系的情况下，面向多级管理出具内部管理报告。此外，基于项目建立财务共享服务中心后，以项目为中心，为各个标段提供服务，可处理面向项目的整体管理报告。

管控服务型财务共享建设的第二个核心问题是如何通过财务共享服务中心实现业财融合。建设财务共享服务中心的时候往往有一些误区，把那些标准化、规范化、事务性的会计处理工作集中到财务共享服务中心，这就很容易造成会计处理工作和业务工作、管理工作切断，会带来很多弊端，还会降低财务共享服务中心的价值。对此，要横向打通业务系统和财务共享服务平台，实现业务同源入口，并建立联查追溯机制，提供全价值链财务管理支持。财务共享服务中心要实现向业务延伸，不仅要在财务共享服务中心做总账、成本、税务、资产的核算，还要与资金收付款、电子档案、供应链、销售、合同管理等业务相结合。从业务处理直接进入财务共享服务中心，财务共享服务中心再直接与银行连接，完成收付款业务。

管控服务型财务共享建设要实现业财融合，需要将资金纳入财务共享服务中心。将资金纳入财务共享服务中心主要有三种模式：第一种模式，把资金结算职能全部纳入财务共享服务中心，包括单位内部结算、资金中心结算，这是最常见的模式；第二种模式，把企业内部的结算纳入财务共享服务中心，将资金中心的结算业务保留在资金中心；第三种模式比较简单，把资金结算全部保留在资金中心，财务共享服务中心只承担开凭证的职责。

要实现业财融合，还应将税务纳入财务共享服务中心。管控服务型财务共享服务中心除了进行税务核算等常规业务，还可以从统一发票、统一认证等方面加强对发票风险的管控，并且为集团平衡税负提供有力支撑。在财务共享服务中心有一笔投资，就是采购扫描设备。税务管理为了识别税务发票，也要购买一批共享服务设备。这种情形下，税务管理和财务共享服务中心会共用设备。随着"营改增"①的推进，将税务管理纳入财务共享服务中心也成为一种常态。

总之，建立管控服务型财务共享服务中心有两个核心：第一个，通过柔性共享服务于已经固化的组织，让共享服务组织与原有企业的行政组织、经营组织、财务组织一一对应，让共享服务中心在不同的范围可以任意改变，可以按不同主线建立财务共享服务中心，如按板块、按产业、按领域、按项目、按照集团总部等。通过柔性共享，集团总部能够建立起财务大数据仓库，进行多维度的分析，支持领导决策，进一步加强集团总部的管控力度。再者，柔性共享在为二级集团、三级集团提供会计服务的同时，不会影响这些集团原有管控关系。第二个，建立能够实现业财融合的管控服务型财务共享服务中心。横向打通业务系统与共享平台，由业务推送生成报账单，财务数据有业务来源、可追溯联查，同时财务提供数字化服务，对业务进行指导及事中管控，实现全价值链财务管理支持。集成业务系统与财务共享平台，业务流程统一在报账平台发起，或者由业务系统发起后统一推送至报账平台，由财务人员统一处理。借助数字化工具，从移动报账到电子发票到影像识别，最后到电子归档，实现全程电子化作业模式，提高工作效率，同时解决部分实物票据异地管理的难题。各类业务单据推送到财务共享服务中心作业池后，由主任或组长对工作进行统一分配、统一调度，根据派工规则分配任务到不同的工作岗位，并由工作人员进行处理，优质、高效地提供财务服务。利用财务共享的资源整合优势和大数据技术，财务部门可以为企业提供满足内部精细要求的管理报告，甚至对业务过程进行事前预测、事中控制和事后指导。

---

① 营业税改增值税，简称"营改增"，是指以前缴纳营业税的应税项目改成缴纳增值税。"营改增"的最大特点是减少重复征税，可以促使社会形成更好的良性循环，有利于降低企业税负。

二、管控服务型财务共享建设的三个阶段

（一）高层设计阶段

在初期的高层设计阶段，企业应该结合自身的战略定位，明确建立管控服务型财务共享服务中心的顶层规划，在顶层规划蓝图的指导下，定义财务共享服务中心的建设模式与运营模式，确定财务共享服务中心的选址。

在该阶段，企业需要从集团层面进行整体业务规划，结合集团管控的重点和企业的管理现状，按集团、按板块、按区域及按重大项目灵活设置。同时，企业应将易于标准化和规范化、较快取得收益的低风险业务纳入共享服务业务范围，如应收应付、总账核算、固定资产核算、费用报销，以及成本的分摊核算、资金管理等业务。另外，企业应在设计阶段做好相关的组织调整、人员配备等筹备工作，结合企业管理架构、企业战略及共享业务等进行规划，全力支撑集团管控。在该阶段，企业应结合战略、组织机构、业务等方面来设计管控服务型财务共享服务中心建设的多种可选方案，或咨询相关专业公司进行方案设计，然后评价每种方案的风险并与企业集团高层进行确认。

（二）设计和实施配合阶段

在设计和实施配合阶段，企业需要根据财务共享服务中心的初步设计方案，从信息系统维度出发，完善每个分支系统的建设和各个系统之间的协作匹配。在实施过程中，一般的财务共享服务中心由五大平台支撑：网上报账平台、业务操作平台、运营支撑平台、运营管理平台和资金管理平台。五大平台的建立帮助企业集团实现财务核算系统、资金管理系统的集成，同时可帮助企业建设财务共享服务中心，提升企业财务业务的处理效率及质量，充分发挥财务共享服务中心对基础财务核算业务的监控和指导作用，提升企业整体的财务管理水平。在实施过程中，企业要结合具体的实践成果，对初始的设计方案进行完善，并应用于系统开发和实施，反复摸索，不断总结并汲取其他企业的经验，从而设计出新的方案。

（三）持续优化阶段

到了持续优化阶段，意味着企业的管控服务型财务共享服务中心已经成功建成，但仍需要持续改进。在该阶段，为保障财务共享服务中心的有效运作和发展，企业应该不断加强运营管理。管控服务型财务共享服务中心的运营管理包括强化培训管理、建立绩效管理和提升服务管理等方面。

管控服务型财务共享服务中心的运营管理目标包含成本、质量、效率、满意度等。运营成本上要关注价值链的成本控制，在降低成本的同时，发起成本管理举措。注重全业务流程的效率提升，关注流程中的各个风险点，通过标准化、自动化的流程实现财务核算质量的大幅度提升。此外，建设管控服务型财务共享服务中心还需不断地关注内部客户的满意度，从而提升价值链上的满意度。

强化培训管理，要求管控服务型财务共享服务中心建立完善的知识管理平台和在线学习平台，实现个人经验、外部知识、企业文化等统一的知识积累、分享、互动。通过整理常见问题、管理制度、考试题库及流程文档，鼓励员工交流、讨论、分享并发挥集体智慧。通过企业知识库平台，实现企业知识不流失、企业管理可复制的培训管理目标。

建立绩效管理，要求管控服务型财务共享服务中心改进过程管理，通过现场走访、电话访谈、网络问卷等途径获取服务质量数据，分析数据，并根据分析结果持续改进财务共享服务中心的运营管理，实现业务流程、管理制度、信息系统的不断优化。

提升服务质量，要求管控服务型财务共享服务中心提供规范化的核算与报表，然后通过财务抽检评价等方式，确定财务共享服务中心人员完成质量的目标；同时，关注员工的核算专业能力、沟通能力、问题解决能力，对能力突出者给予轮岗、升职等优先权。管控服务型财务共享服务中心的主要优势体现为能大幅度提升业务处理效率，绩效考核中可将单据处理量、平均处理时间等作为考核标准。最后，要重视内部客户的满意度，由下属单位对管控服务型财务共享服务中心的服务内容、服务速度、服务态度等做出评价，根据评价结果进一步变革方案，持续改进服务。

"新财务"时代，财务共享服务中心已成为财务部门数字化转型的天然推动力。在实际建设过程中，管控服务型财务共享服务中心的建设包含两个建设核心、三个建设阶段，其中，核心一是通过柔性共享加强管控，核心二是加强业财融合；从高层设计阶段、设计和实施配合阶段，再到持续优化阶段，管控服务型财务共享服务中心的建设循序渐进、持续优化。最重要的是，在建设过程中，企业集团始终要持有大共享思维，为财务共享服务中心的持续优化做好铺垫。

第四节　基于 ERP 系统的管控服务型财务共享服务中心设计

一、基于 ERP（企业资源计划）建立管控服务型财务共享服务中心的意义

ERP 是管控服务型财务共享的重要支撑。管控服务型财务共享系统的运行离不开 ERP 系统的支撑。ERP 系统建立在信息技术的基础上，集信息技术与先进管理于一身，是建设管控服务型财务共享服务中心的核心手段。ERP 是以系统化的管理思想为出发点，为企业员工及管理层提供决策手段的管理平台，它实现了企业内部资源和企业相关外部资源的整合，通过软件和平台把企业的人、财、物、产、供、销及相应的物流、信息流、资金流等结合起来，实现资源优化和共享。

管控服务型财务共享服务中心的 ERP 系统跳出了传统企业边界，从供应链范围去优化企业的资源，优化了现代企业的运行模式，反映了市场对企业合理调配资源的要求，对于改善企业业务流程、提高企业核心竞争力具有显著作用。在财务核算方面，实现复杂的财务会计和管理功能，如建立初始账户，处理会计凭证、账簿管理、会计报表查询，月末、年末结算处理等功能；在资金管理方面，对银行基础数据、银行账户管理、内部网银、资金结算、内外借贷、票据管理等进行集中管理和控制，可以有机地融入各种业务流程和环节中，实现对整个集团多方面的管理；在供应链方面，把从供应商到客户的所有企业连接起来，同时，以"面向客户、协同集中"的核心理念

为基础，为企业提供一个稳定、开放、先进的基于网络的供应链管理平台；在生产制造方面，为企业提供了全面细致的生产计划、有序的车间管理和快捷简单的成本核算模块，帮助企业理顺生产管理，消除后顾之忧。财务共享服务中心需要以 ERP 系统为基础构建自己的信息体系。基于 ERP 系统建立财务共享服务中心有着积极的管理意义。

首先是通过 ERP 系统的实施能够彻底改变公司内部原有的工作分工，实现业务处理信息化、会计核算自动化。完成业务过程中不再完全依赖会计人员凭借主观判断来进行核算，使整个会计工作的内涵都发生了大变化，会计的基础核算职能更多地变为审核业务单据，会计凭证则由 ERP 系统内置的会计核算规则自动生成。传统的会计记账工作完全被系统所替代，彻底抛弃了无效的重复劳动，核算工作的准确性和工作效率大大提升，为核算规模化和财务共享服务提供了坚实基础。借助于 ERP 系统，推动财务共享服务实施，使具体财务核算工作摆脱低附加值的业务操作，会计人员由日常核算记账向财务管理工作转型，由应付烦琐的数据处理向强化数据预测管控转变，参与到市场营销、运行维护、计划投资和管理决策支持等活动中，逐步成长为可以信赖的业务支持顾问，从而参与管理决策。

其次是 ERP 系统的实施对财务管理工作变革产生重要影响。ERP 系统根据财务和业务一体化的管理要求，真正实现了"财务管理系统＋业务专业系统"的一体化集成。会计人员通过加强整个活动过程中的信息与成本管理，提高了对企业运营成本的控制能力，实现了职能演变，更多地参与预算执行、分析、决策、控制等高附加值活动，实现财务共享服务集中化、决策支持属地化的转变，进而推进企业的财务管理转型。

最后是 ERP 系统使财务共享更有利于财务工作价值的体现。相比传统财务共享通过简单集中财务核算工作，减少人工的方法降低成本，在 ERP 平台下的财务共享，不但使财务人员摆脱核算工作的束缚，而且可以关注高附加值的财务管理工作，体现出财务管理的应有作用。有了 ERP 系统的大力支持，财务核算工作更加规范标准，并可实现内部垂直管控，信息共享透明，强化了内控流程管理的执行力，有效防范了管理漏洞风险。财务人员的主要精力将聚焦于决策支撑工作，快速适应变革需要，支持公司的战略和业务发展。通过建立专业的财务共享服务中心，充分利用信息化系统实施评价分析，确保信息准确、评价真实，实现财务共享服务质量的提升。

二、ERP 模式下建立财务共享服务中心的主要实施内容

在 ERP 模式下建立财务共享服务中心的主要内容包括信息系统支撑、统一业务流程支撑、组织架构支撑及人员配置支撑四个方面。

第一，在信息系统支撑方面，主要包括五部分：①信息的采集，确保大量业务信息的采集效率与质量，尽量实现系统自动操作，特别是要确保业务系统与财务系统实现信息对接。②信息的传递，着力解决信息跨地域传递的时效问题，如通过网上电子审批的方式，让原始单据影像等资料实现信息化流转传递，加快信息传递的速度，改善实体单据传递的效率问题。③财务的账务处理，采用集中制证和支付等操作模式。④运营资金管理，实现资金账户的统一集中管理，削减冗余账户、资金集中结算支付和资金账户信息变动实时监控等功能，在提高付款效率的同时，解决银行对账等问题。⑤财务信息查询，在 ERP 系统中嵌入企业管理报表内容，定期向各级单位推送相关财务信息，及时准确掌握各基层单位的财务及业务数据。

第二，在统一业务流程支撑方面，会计核算的职能从各个分（子）公司分散处理调整为在集团或省公司的财务共享服务中心集中处理，统一建立相关的制度规范，如统一业务报销的标准和处理规则；梳理企业实施财务共享后的各个业务流程，建立统一的业务操作规范，明确分公司与财务共享服务中心的职责分工，确定好原始单据及档案的传递方法。

第三，在组织架构支撑方面，分公司的财务职能转向财务管理为主，兼顾辅助核算，如单据初核等，同时，要将更多精力向业务活动渗透，从单纯的事后记录反映转变为事前参与决策制订、事中参与流程控制、事后参与考核评估，为业务经营管理提供更多服务与支撑。分公司的财务人员转型包括：加强制度执行力，精细化管理运作，提出改善建议；为业务部门提供良好的服务与支撑，成为业务部门的合作伙伴，共同为管理层提供有价值的信息与决策支撑。

第四，在人员配置支撑方面，在实施财务共享的过程中，强化专业的分工和技能，提升财务管理精度与水准，统筹安排财务人员梳理工作岗位，评估人员的工作经验与知识背景，实现人尽其能；同时，人员转型过程中注重

人性化管理与辅导，实现平稳过渡。一方面，财务人员面临提升转型的压力，有效挖掘并充分调动基层员工的积极性，切实支撑市场经营；另一方面，财务共享服务中心的核算人员也需要考虑其编制和来源，关注未来核算人员的职业能力提升和发展。

在实施财务共享的过程中，更要着重加强风险控制，主要体现在业务报账、会计核算及资金结算（支付）三个环节上。在业务报账系统审核环节，保留分公司的初核职能，减少低级错误和退单往复；在会计核算环节，设置业务信息和会计科目的映射关系，自动转换业务信息为财务信息，有效减少人为判断的差错；在资金结算环节，减少资金的周转，实时监控资金账户变动，强化资金稽核力度，降低资金支付风险。最后，在技术层面还要强化信息系统的支撑与维护，因为信息系统是业务流程重组的载体。

三、ERP 模式下建立财务共享服务中心的注意事项

首先，企业要具备建立 ERP 系统的条件，具体内容有：①企业达到集团经营的规模，分支机构众多且分散；②企业经营的主业类别相对单一，如大型连锁经营类企业、电力业、电信业、银行业等；③企业内部各个分支机构的财务业务能够实现按统一的规则和流程进行处理；④企业总部对各分支机构运营的掌控力下降，有实现集中财务管理的需求，以强化对各分支机构的管控；⑤企业对集团内部风险管理的要求较高，通过流程的科学、标准化以及制度的强执行力来管控内部的经营风险；⑥企业内部的信息化、网络化较为普及，信息获取渠道通畅；⑦企业内部具备信息化管理所需的技术人才储备和较高素质的财务人员队伍等。

其次，在 ERP 系统的选择上，企业应该根据自身的运营特点和长远发展战略选择适合自己的 ERP 软件，这是 ERP 项目是否能够成功实施的关键因素。选择软件要考虑企业自身的具体需求、管理基础、员工素质、信息化程度、设备软硬件、投资能力等多方面因素，从企业实际出发，量力而行，不要盲目跟风攀比，过分追求大而全。企业在选择前一定要依据自身的条件做好前期准备工作，切忌贸然行事，应结合自身特点，先评估一下自身的实施基础和能力，认真考察国内外众多 ERP 软件的应用成熟程度、产品的可靠性和稳定性、系统设计的人性化程度，以及软件供应商的自身实力、产品

服务和二次产品开发能力等多个方面的因素。同时，最好能够借鉴同行业其他实施成功企业的宝贵经验，实地考察应用情况和效果，再最终选择最适合自己的 ERP 产品，以达到与企业内部实际管理需求的相适应性。

目前主流的 ERP 软件供应商包括国外的 Oracle、Sap 和国内的用友、金蝶等。虽然国外的 ERP 软件供应商在产品兼容性、可扩充性、全球多语言支持性等方面具有明显优势，是面向国际化市场竞争的产品，适用于开拓海外市场、参与国际竞争的大型企业集团，但国外的 ERP 软件融合了西方的管理思想和管理标准流程，往往存在本地化程度不足，与国情存在较大差异，对企业管理制度的规范性和统一性要求较高，管理流程再造难度较大，系统开发前期投入精力较多，购买和使用维护成本较高等诸多问题，对企业自身的经济实力和管理水平均提出了较高要求。相反，国内的 ERP 软件在国内易用性较强，操作简便，符合中国人的使用习惯，并且购买和维护费用较低，适合自身实力还不够强大并且主要立足于国内市场的企业。

最后，在选择合适的 ERP 平台之后，企业要建立财务共享体系，还要有明确的共享规划目标和方案。从战略上来讲，通过财务共享要达到的目标是提高财务管理工作的运作效率，降低企业内部管理成本，优化财务管理流程，实时监控分（子）公司的财务运行状况和经营成果，最终达到推进企业集团发展战略的有效实施，提高企业在国际、国内市场的竞争能力。从战术上来讲，企业制订具体的实施规划方案，确定实施步骤、实施试点等，也是能否有效实施财务共享的关键。虽然财务共享是集团财务管理领域发展的一个趋势，但财务共享也不是一用就灵的灵丹妙药，财务共享的建立也需要充分考量和有具体的实施策略。

其主要内容如下：一是实行集团范围内的财务管理制度的标准化。财务管理制度的创新主要体现在整个集团财务管理制度的标准化，这是构建财务共享服务模式的基础，先要在集团层面制订财务业务规范，并将充分评审的财务业务规范作为实施财务共享服务的基础，然后通过各类培训方式使各地分（子）公司的财务部门全面掌握新的制度和标准，为正式施行打下基础，并且持续监督。二是从分散式的管理模式向集中式的管理模式转变。财务共享服务是一种非常典型的集中式组织模式，它通过将财务共享服务中心和分（子）公司分离的方式，重新确定公司集团和基层分（子）公司之间的业务内容和财务业务关系，将从事标准化财务共享服务的财务人员从原单位中分离出来，划归到财务共享服务中心，从此实现财务人员的集中化管理。集中的组织模式能够实现内部资源的有效共享，一个财务共享服务中心可以向多个分（子）公司提供服务；此外，使原来基于整个公司集团，按照各分（子）公司进行的财务部门构建转变为基于业务类型需要的财务部门构建，将从事业务基础核算类型的财务部门剥离出来，划归到财务共享服务中心。

基于以上两点准备工作的完成，下一步重点考虑如何通过 ERP 平台来进行财务共享流程的再造和借助信息、网络资源共享来实现财务共享服务中心工作效率的最优化。

进行原有流程的梳理、再造，实现财务共享服务中心的业务数据和财务数据的整合；满足财务数据业务化、业务数据全程共享化、财务管理流程标准化、财务业务流程模块化，将基础记账业务与财务分析管理功能分离管理等几点要求，最终借助 ERP 的信息共享技术实现财务共享服务中心整体运行能力和效率的提升。将财务制度、预算管理功能固化在统一的 ERP 平台中，包括财务共享服务中心的作业流程等都在系统中进行统一设定，任何分（子）公司不得随意修改，从而保证集团总部的战略得到有效贯彻和落实。

这样就在一个大公司集团内部完善了整个财务体系，形成了基于财务共享服务模式的管理决策思想。在财务共享服务成功实施后，借助信息和网络技术的广泛运用，以及 ERP 系统与账务记账系统、内部办公网络系统、网上银行支付系统等子系统的高度集成，信息技术先进的财务共享服务中心就能够实现财务审批全过程的电子化以及自动记账、自动支付等功能，使财务共享服务工作高效率地运转起来。

四、基于 ERP 系统的财务共享服务中心的体系结构设计

（一）设计原则

管控服务型财务共享服务中心的设计原则如下。

第一，性能提升原则。在原来 ERP 系统的基础上，落实那些能够显著提高财务流程效率、提高资产及资金安全性的措施，将 ERP 系统中的报账、应收应付账款、工资、账务处理、报表管理等环节集中起来，建立专门数据

库，方便核算和控制。

第二，数据集中与标准集中原则。通过建立财务共享服务中心，带动公司内所有数据集中共享以及公司所有标准的集中管理。

第三，流程优化原则。规范各分公司之间的核算数据传递流程，整合费用报销流程和财务报告编制中关键事项的确认流程，建立统一的财务报告数据模板。

（二）体系结构设计

财务共享服务中心需要利用原有的信息化平台，以 Internet/Intranet 及云计算平台作为数据传输渠道，重新部署数据库服务器，开发现有系统平台，重新确定组织机构和岗位任务，其体系结构如图 2-2 所示。

体系结构分为四层，最高层（第四层）是应用平台，由各种应用平台构成；第三层为审核平台，包括财务预核、业务审核、手机短信审核、邮件审核等形式和财务复核等环节；第二层是通知平台，主要有系统通知、邮件通知、手机短信通知和网站通知四种形式；最底层（第一层）是接口平台，提供财务共享服务中心与其他业务系统的接口，与 ERP 系统对接。要求 ERP 软件必须支持端到端的业务流程，流程自动化，无手工流程，系统部署能跨地域数据传送，支持自主门户和交互中心，能与供应商、客户、员工及合作伙伴协同工作。

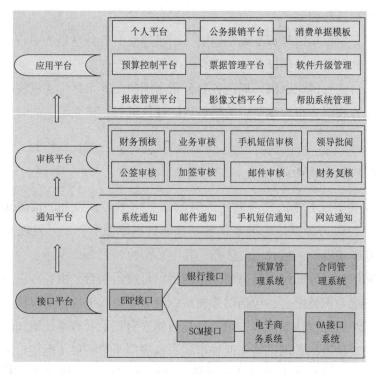

图 2-2 基于 ERP 系统的财务共享服务中心的体系结构

五、基于 ERP 系统的财务共享服务中心架构设计

ERP 是在 MRP（制造资源计划）的基础上发展起来的，以供应链为核心，强调流程的规范化，通常包括财务、供应链、生产制造、人事劳资、CAD/CAM、成本管理等模块，是实现企业管理信息化的主要技术手段。

ERP 系统的基础是财务子系统，是业务管理与财务管理的一体化软件，各个子系统产生的单证都需要汇入财务子系统中生成记账凭证，并登记到总账和明细账中，作为报表编制的依据，它执行的是财务的核算功能。

财务共享服务中心则是将财务核算功能从各个子系统中抽出来集中管理，从而由事后核算向事中控制和数据挖掘及决策职能转移。财务共享服务中心颠覆了传统财务会计的工作方式，建立了类似流水线的运作过程，借助精细化的专业分工、标准化的流程和发达的信息技术，以"服务"为定位从事财务业务。服务的客户越多，表现出来的规模优势越明显。

ERP 与财务共享服务中心的关系如下：ERP 系统的财务管理模块被抽取

出来，进入财务共享服务中心核算，各个子系统中与费用相关的业务全部交给财务共享服务中心管理。财务共享服务中心组成一个相对封闭的环境，按照提交—审计—复核—生成凭证的流程报账、登账。在建立财务共享服务中心之前，由 ERP 系统直接与外部环境联系，而建立财务共享服务中心之后，则允许由财务共享服务中心与银行、客户等外围系统直接对接。

基于 ERP 系统的财务共享服务中心的架构可以分为三个应用子系统，即影像管理子系统、网上报销子系统和账务管理子系统。另外，为方便员工进入财务管理中心报销费用及信息查询，需要设计三个模块，即个人信息平台模块、系统管理模块和流程引擎模块，如图 2-3 所示。需要注意的是，企业可以依据实际情况开发其他应用子系统。

个人信息平台相当于系统为员工建立的个人账户，员工的财务信息均可以在此平台上被查询到。主体部分是财务共享服务中心，员工将票据拆装、扫描后传送到网上报账系统，经过审核予以报销，电子文件归档，然后通过外部系统进行预算管理，银行转账并进入绩效管理体系。以原始凭证为基础，制作记账凭证，登账处理，最后以手机信息、电子邮件等方式通知个人。

在 ERP 的基础上实现财务管理的规范化，运用相对独立的系统、组织机构和统一的标准，构建财务共享服务中心，为企业提供了一种降低管理成本、提高管理效率的运行模式，将众多的财务人员从重复性劳动中解脱出来，将时间和精力转向财务管理工作，必将受到企业（特别是大型企业）的欢迎。

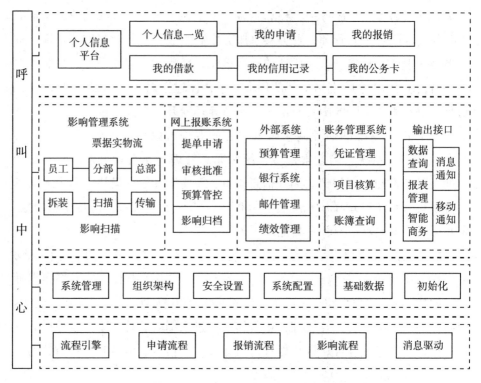

图 2-3　基于 ERP 系统的财务共享服务中心架构设计

第三章　财务共享服务中心的技术支撑

第一节　RPA：财务智能化的必经之路

一、RPA 与财务共享、财务转型的关系

追溯财务的发展历程，技术进步引发了财务的数次变革。会计电算化用小型数据库和简单的计算机软件取代了部分人工核算工作，实现了计算能力和存储能力的巨大飞跃。ERP 的诞生和计算机网络的普及，把封闭、分散的财务集中起来，通过流程再造和专业分工实现了财务共享。借助信息化手段，企业实现了对财务信息的快速处理和实时共享，财务管理逐步从核算型向管理型转变。"大智移云物"进一步革新了财务的技术工具，悄然改变着财务的工作模式。传统财务将逐步向自动化、数字化和智能化转型。

财务共享服务中心存在大量规则明确的重复性流程，这为财务的自动化转型提供了基础。机器人流程自动化（Robotic Process Automation，以下简称 RPA）技术应运而生，在专业分工明确、流程标准统一的财务共享服务中心有着广阔的应用空间。

财务转型、财务共享和财务机器人是"面—线—点"的关系。财务转型是"面"，是企业财务部门在财务战略、职能定位、组织结构、人力资源、操作流程和信息技术等方面的全面变革再造。通过对财务职能的梳理，逐步形成四位一体的财经管理模式（公司层面控制管理的战略财务、全价值链财务管理支持的业务财务、以交易处理为主的财务共享及拥有财务核心能力的专家团队），从而支持企业转型。财务共享服务是"线"，通过观念再造、流程再造、组织再造、人员再造、系统再造，将分散于各个业务单位、重复性高、易于标准化的财务业务集中到财务共享服务中心统一处理，达到降低成本、提高效率、改进服务质量、强化集团内部风险控制等目的。财务共享为财务转型提供数据基础、管理基础和组织基础，是财务转型的第一步，还为财务机器人的运行提供了良好的环境和运行基础。财务机器人则是"点"，是财务共享服务中心流程节点上的技术应用和优化。财务共享服务中心有大

量具有明确规则的标准化流程，为财务机器人提供了大展拳脚的空间。反过来，财务机器人的应用又大大提升了财务共享服务中心的服务效率和服务质量，将财务人员从大量、重复且机械化的工作中解放出来，使其得以从事更具价值和创造性的工作，推动企业财务转型。

二、RPA 技术的功能和特点

RPA 技术是指通过使用用户界面中的技术，执行基于一定规则的可重复任务的软件解决方案，是数字化的支持性智能软件，也被称为数字化劳动力。

从功能上来讲，RPA 是一种处理重复性工作和模拟手工操作的程序，可以实现以下功能：第一，数据检索与记录，RPA 可以跨系统进行数据检索、数据迁移以及数据录入；第二，图像识别与处理，通过 OCR（Optical Character Recognition，可译为光学字符识别）技术识别信息，并可在此基础上审查和分析文字；第三，平台上传与下载，能够按照预先设计的路径上传和下载数据，完成数据流的自动接收与输出；第四，数据加工与分析，主要包括数据检查、数据筛选、数据计算、数据整理、数据校验；第五，信息监控与产出，RPA 可以模拟人类判断，实现工作流分配、标准报告出具、基于明确规则决策、自动信息通知等功能。

相比于传统软件，RPA 开发周期更短、设计更加简单，这主要是基于 RPA 技术的特点：第一，机器处理。RPA 可以 7×24 小时不间断地工作，这样可以提高工作效率。第二，基于明确规则。RPA 主要是代替人工进行重复、机械性操作，研发 RPA 需要基于明确规则编写脚本。第三，以外挂形式部署。RPA 是在用户界面进行操作，因此不会破坏企业原有的 IT 结构。第四，模拟用户操作与交互。RPA 主要模拟的是用户手工操作，如复制、粘贴、鼠标点击、键盘输入等。

RPA 和人工智能（Artificial Intelligence，简称 AI）都能在一定程度上替代原有的人工劳动，但是二者有很大的区别。RPA 只能依靠固定的脚本执行命令，并且进行重复、机械性的劳动；人工智能结合机器学习和深度学习具有自主学习能力，通过计算机视觉、语音识别、自然语言处理等技术拥有认知能力，可以通过大数据不断地矫正自己的行为，从而有预测、规划、调度以及流程场景重塑的能力。RPA与人工智能更像手和大脑的关系。RPA倾向于重复地执行命令，而人工智能倾向于发出命令。除此以外，RPA可以运用在自动化发展过程中的不同阶段。AI技术在企业中的应用还处在初步探索阶段。就短期趋势而言，企业更倾向于以标准化、逻辑清晰的RPA为基础，逐步向智能化程度更高的AI方向发展。未来，随着RPA技术的不断发展，RPA与AI融合会是行业的一大趋势。

目前已有不少企业在办公领域采用RPA来取代一些重复和烦琐的日常流程。RPA被应用于财务、采购、供应链、客户服务等职能领域和金融、保险、零售等行业领域。财务机器人则是RPA技术在财务领域的具体应用，其针对财务的业务内容和流程特点，以自动化替代手工操作，辅助财务人员完成交易量大、重复性高、易于标准化的基础业务，从而优化财务流程，提高业务处理效率和质量，减少财务合规风险，使资源分配在更多的增值业务上，促进财务转型。

三、财务机器人适用的流程

从本质上讲，财务机器人是一种处理重复性工作、模拟手工操作的程序，因此并不适用于所有的流程。财务机器人适用的流程主要有以下特征：第一，简单重复操作，如系统数据的录入、核对等；第二，量大易错业务，如每日大量的交易核对，大量费用单据的审核；第三，多个异构系统，内嵌于系统，但不会更改系统，不会融合系统规则；第四，7×24小时工作模式，弥补人工操作容忍度低、峰值处理能力差的缺点，适用于企业7×24小时的业务。

财务共享服务中心的很多流程都符合财务机器人的适用标准（见表3-1）。

表3-1 RPA在财务领域的应用

费用报销	采购到付款	订单到收款	固定资产管理
接收报销单据	请款单处理	销售订单录入和变更	资产卡片管理

续 表

费用报销	采购到付款	订单到收款	固定资产管理
智能审核	采购付款	发票开具	资产变动管理
自动付款	供应商对账	返利管理	资产账龄分析
财务处理及报告出具	供应商主数据维护	客户对账与收款核销	
	供应商资质审核	客户信用审核和主数据维护	
存货到成本	总账到报表	资金管理	税务管理
成本统计指标录入	关账	银企对账	纳税申报准备
成本与费用分摊	标准记账分录处理	现金管理	纳税申报
账务处理及报告出具	关联交易处理	收付款处理	增值税发票开具
	对账	支付指令查询	发票验真
	单体报表和合并报表出具		涉税会计入账及提醒
档案管理	预算管理	绩效管理	管控与合规
接收票据和快递管理	预算的编制和生成	产品效益分析	管控合规报告出具
扫描	预算执行情况监测	客户收益分析	财务主数据管理
电子归档	预算报告创建	资本收益分析	
电子档案查询		经营分析标准化报表	

　　下面简要介绍财务机器人在费用报销、采购到付款、总账到报表、资金管理、税务管理等几个典型流程上的应用。

（一）费用报销

　　费用报销流程是财务共享服务中心最为普遍的流程，也是财务机器人使用最广泛的流程，具体流程如图3-1所示。

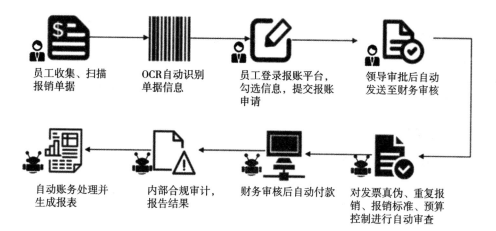

员工收集、扫描报销单据　　OCR自动识别单据信息　　员工登录报账平台，勾选信息，提交报账申请　　领导审批后自动发送至财务审核

自动账务处理并生成报表　　内部合规审计，报告结果　　财务审核后自动付款　　对发票真伪、重复报销、报销标准、预算控制进行自动审查

图3-1　RPA在费用报销流程中的应用

下面挑选其中几个进行说明。

接收报销单据：财务机器人对多种渠道采集而来的各类发票和单据进行自动识别、分类汇总和分发传递，自动生成报销单并发起审批申请。

费用报销和智能审核：人工设定费用报销审核规则，将其内嵌至费用报销系统。财务机器人按照设定的逻辑执行审核操作，如对发票查重验真、进行预算控制和报销标准审查、记录检查结果并反馈等。

自动付款：报销单通过审核后自动生成付款单，付款单进入待付款中心，财务机器人依据付款计划执行付款操作。

账务处理及报告：付款单依据记账规则自动生成凭证，自动提交、过账，并生成账务报告，汇报至管理层。

（二）采购到付款

实现从供应商管理、供应商对账到发票处理及付款整个过程的无缝衔接，是采购到付款流程的重点，其中财务机器人适用的子流程如图3-2所示。

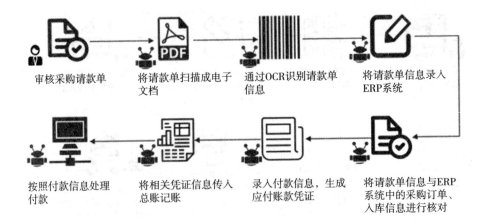

审核采购请款单　　将请款单扫描成电子　通过OCR识别请款单　将请款单信息录入
　　　　　　　　　文档　　　　　　　　信息　　　　　　　　ERP系统

按照付款信息处理　将相关凭证信息传入　录入付款信息，生成　将请款单信息与ERP
付款　　　　　　　总账记账　　　　　　应付账款凭证　　　　系统中的采购订单、
　　　　　　　　　　　　　　　　　　　　　　　　　　　　　入库信息进行核对

图 3-2　RPA 在采购到付款流程中的应用

下面挑选其中几个进行说明。

请款单处理：先通过 OCR 扫描请款单并识别相关信息，然后财务机器人将请款单信息录入 ERP 系统，再对订单信息、发票信息、入库单信息进行匹配、校验。

采购付款：财务机器人自动提取付款申请系统中的付款信息（付款账号、户名等），通过网银等资金付款系统进行付款操作。

供应商对账：人工设置好对账触发时间，机器人登录财务模块向供应商发送对账提醒邮件，并自动完成订单状态和发货状态查询。

（三）总账到报表

总账到报表流程中关账、标准记账分录处理、关联交易处理、出具单体报表和出具合并报表等工作可借助财务机器人来完成，具体子流程如下。

关账：财务机器人自动进行各项关账工作，如现金盘点、银行对账、销售收入确认、应收账款对账、关联方对账、应付款项对账、存货的确认和暂估等。如发现异常，发送预警报告；如对账无误，则自动进行账务处理。关账具体流程如图 3-3 所示。

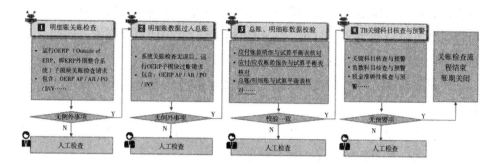

图 3-3 RPA 在关账流程中的应用

标准记账分录处理：财务机器人周期性对账务分录进行记录和结转。

关联交易处理：财务机器人根据相关子公司的交易信息处理关联交易。

出具单体报表：财务机器人自行完成数据汇总、合并抵销、邮件数据催收、系统数据导出及处理等工作，自动出具模板化的单体报表。

出具合并报表：财务机器人从系统中导出并根据规则完成汇率数据和当月境内外合并数据的处理和计算，计算出余额并对结果进行检查；再对子公司报送数据进行催收和汇总，根据抵销规则生成合并抵销分录；最后，根据生成的数据，形成当月合并报表。出具合并报表流程具体如图 3-4 所示。

图 3-4 RPA 在出具合并报表流程中的应用

（四）资金管理

资金管理流程中适合财务机器人的具体子流程如下。

银企对账：机器人取得银行流水、银行财务数据，并进行银行账和财务账的核对，自动出具银行余额调节表。

现金管理：财务机器人根据设定的现金上划线执行现金归集、现金计划信息的采集与处理等；引入智能算法，按照预设的规则，根据支付方式、支付策略、支付金额等多个因素，计算最优化组合，完成资金安排；同时，动态监控资金收支，帮助企业集团实时掌控集团资金状况。

收付款处理：财务机器人根据订单信息和供应商信息，自动完成收款与付款。

支付指令查询：资金支付指令发出后，财务机器人可自动查询银行返回的支付结果，并利用邮件反馈查询结果。

（五）税务管理

税务管理是目前财务机器人运用较为成熟的领域，包括自动纳税申报、涉税信息校验、增值税发票开具及验真等子流程（见图3-5）。

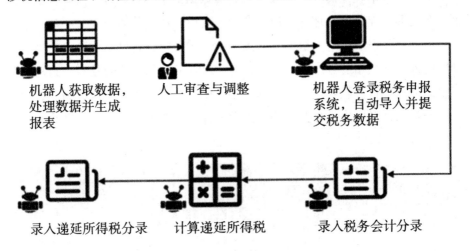

图 3-5 RPA 在纳税申报流程中的应用

下面对其中具体步骤进行说明。

纳税申报准备：财务机器人自动登录账务系统，按照税务主体批量导出财务数据、增值税认证数据等税务申报的业务基础数据。

税务数据获取并维护：财务机器人获取事先维护好的企业基础信息，用以生成纳税申报表底稿。

涉税数据核对校验：财务机器人通过设定好的规则调整税务差异项；借助预置的校验公式进行报表的校验。

纳税申报：根据特定逻辑将工作底稿自动生成申报表并在税务申报系统

中自动填写纳税申报表。

涉税账务处理及提醒：财务机器人根据纳税、缴税信息完成系统内税务分录的编制，自动进行递延所得、资产或负债的计算，完成系统内的入账，并用邮件提醒相关责任人。

增值税发票开具：基于现有待开票信息，财务机器人操作专用开票软件开具增值税普通发票和增值税专用发票。

发票验真：财务机器人可基于发票票面信息自动校验发票真伪，并且可将增值税发票提交到国税总局查验平台进行验证和认证，并反馈和记录结果。

对于纳税主体较多的集团型企业，由于纳税申报的数据来源不同、申报的数据量较大，员工手工申报耗时长、效率低，且数据准确性无法保障，而纳税申报过程整体与 RPA 适配度较高，相当多的步骤可以借助机器人完成。例如，中兴新云纳税申报机器人将申报流程细分为数据准备、纳税申报、账务处理和评估审查四个子流程，可显著减少集团型企业的办税负担，保障税务数据的准确性，具体流程如图 3-6 所示。

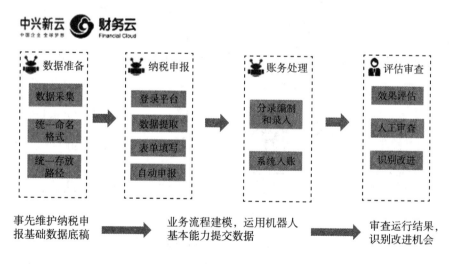

图 3-6　中兴新云纳税申报自动化流程

数据准备主要是指财务机器人与本地数据如税务主体信息、开票信息、财务信息等的交互。机器人自动登录账务系统，导出财务数据，调整税务差异。纳税申报过程包括财务机器人与税务局系统的交互，如登录申报系统、填写并提交申报表等动作。账务处理过程则是纳税、缴税的账务化反映。财务机器人完成申报后自动进行分录的编制和录入，完成系统内的入账。最后，由员工定期对财务机器人的工作成果进行评估、审查和改进。

除以上流程外，在订单到收款、固定资产管理、存货到成本、档案管理等重复性较高、业务量较大的流程上，财务机器人的运用也很常见。借助预先设置的模型，财务机器人还可实现为预算管理、绩效管理、管控与合规等较为依赖人为判断的流程提供决策参考。财务机器人不仅减少了企业人力投入，降低了风险，还能高效支撑业务发展和经营决策。

四、对财务组织和财务人员的影响

财务机器人的运用，改变了原有的财务工作方式和财务人员的观念，推动了财务组织架构变革，同时对财务人员的素质和技能提出了更高的要求。

财务组织中会出现新的技术团队和业务团队（即机器人流程处理团队和例外业务处理团队），前者负责机器人的管理和日常运行工作，后者负责辅助和拓展财务机器人的工作（见图3-7）。同时，财务机器人促使基础财务人员的比重进一步减少，从事公司经营支持和决策支持工作的财务人员比重上升；财务人员的工作内容也变得更有挑战性，他们不再从事基于规则的重复判断工作，而是将更多精力放在流程优化、业务监控和数据分析上。

图 3-7 新团队分工协作

财务机器人的运用和其他新兴技术的运用一样，推动了财务人员的转型。未来需要更多精通数据分析和预测、具备跨职能部门知识、善于与业务部门构建合作关系的各类复合型人才。财务人员要能够精通会计、擅长管理、熟知信息技术、洞察业务，并且具备战略远见，从而能够更好地参与商业模式创新的规划与实施、为企业提供更有见地的数据分析、推动企业新业务的布局和数字技术应用等。财务人员要不断创新，实现自身的转型与再造，重塑财务理念与知识体系，这样才能满足时代要求和企业需求。

第二节　会计引擎：业财语言翻译器

会计引擎是连接业务数据库与财务应用系统并最终输出会计信息的数据处理器。它能够按照内嵌的核算规则将业务信息自动化、无差错和高效率地转换为包含复式会计分录的规范化记账凭证，实现交易明细和会计总账的互联，对于业务与财务的高度融合具有重要意义。

一、会计引擎概述

（一）会计引擎的基本原理与应用现状

简单来说，会计引擎是介于业务系统和财务系统之间的数据转换器。业务系统位于前端，通过数据接口与会计引擎连接之后向其提供生成记账凭证所需的业务数据，实现业务信息的输入；会计引擎位于中端，内置一定的转换规则，输入的业务数据经规则的指引将自动生成预制记账凭证；财务系统位于后端，预制记账凭证审核无误进入该系统后成为正式记账凭证，完成财务信息的输出。会计引擎的基本原理如图3-8所示。

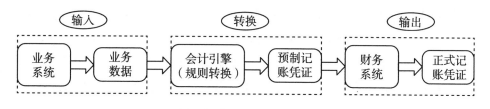

图3-8　会计引擎基本原理示意图

（二）智能会计引擎的特征

传统的会计引擎通常分散于企业内部不同的财务系统和业务系统中，在大多数行业中的应用范围较为狭窄，但随着大数据、人工智能、云计算和区块链等技术的革新与实践，会计引擎必将克服实际设计过程中存在的难点，逐步走向智能化，将业财融合推向新的高度，从而驱动企业完成数字化转型。基于新兴信息技术的智能会计引擎具备诸多优势。

首先，智能会计引擎具有充分的独立性。经智能化重塑的会计引擎将不再以分散的模块或子系统的形式存在于不同的系统中，而是打破束缚，形成一个独立的开放式统一平台，一端对接企业所有的业务系统，以实现业务数据的输入，另一端对接企业的财务系统，以实现记账凭证的输出，使企业的业务端与财务端真正串联成完整的链条。传统的会计引擎是伴随会计核算的要求被逐步建立起来的，由于在建立时间上存在差异，往往难以遵循统一规范的技术标准。信息转换质量参差不齐的会计引擎不断叠加和堆砌，对其进行维护、优化的复杂性和难度也不断提高，长此以往，这些会计引擎将会因为缺乏有效监控而给企业带来风险。以统一化独立平台形式存在的智能会计引擎将有效解决这一问题，不仅能够支撑存量业务系统与财务系统之间的对接，降低维护、优化的难度和潜在风险，而且能够迅速成为新生业务系统与财务系统之间的纽带，从而为企业内部信息系统服务。

其次，智能会计引擎拥有足够的灵活性。一方面，智能会计引擎将适应不同的业务场景并有针对性地定义转换规则，最终使所有需要生成记账凭证的业务场景系统化。大型集团往往因为在多个行业进行布局而涉足丰富的业务类型，且依赖经验积累的业务场景梳理难以一次就达成清晰、全面的目标，因此，如果有遗漏或新增业务场景的情况，智能会计引擎将凭借其灵活性快速配置相应的转换规则，随时与企业的业务状况保持一致，在最大限度上满足企业业财融合的需求。另一方面，智能会计引擎将根据不同企业的要求定制个性化的转换规则，既能基于明细业务数据生成全面、精确的记账凭证，又能容纳恰当的合并规则，将明细业务数据进行合并后生成精练、概括的记账凭证，而企业可以在这两种模式下进行自由切换。

最后，智能会计引擎具备高度的可追溯性。业财核对、稽核审计要求能够根据会计引擎最终所生成的记账凭证追溯原始的业务信息。智能会计引擎在初始的设计过程中将基于这一要求预留对业务信息源头进行追溯的机制及线索，如此一来，即使是遵循复杂合并规则生成的记账凭证的追溯也将不再成为难题。此外，区块链的数据库公开透明，信息经过验证被添加至区块链之后不可篡改。如果能够应用区块链技术在业务系统和财务系统之间搭建分布式底账，对于提升智能会计引擎的可追溯性将大有裨益。

（三）会计引擎与财务共享的关系

会计引擎作为一种新兴的业财对接工具，在企业业财转型的过程中与财务共享是相辅相成的。财务共享服务中心侧重于业财流程的管理，将应收、应付、费用报销等标准化的财务流程接入共享平台，规范集团内成员单位的财务流程，同时降低了各分支机构人员上的重复投入；会计引擎侧重于对核算规则的统筹管理，规范集团内的财务核算口径，同时降低了各个系统的凭证规则维护压力。

二、基于机器学习的智能会计引擎

（一）基于机器学习的智能财务会计引擎

作为人工智能的重要分支之一，机器学习在医疗、金融、电子商务等众多领域应用广泛。与人脑归纳经验获得规律并利用规律预测未来相似，机器学习的过程可分为训练与预测两个阶段，其中训练指的是计算机系统将存储于其中的历史数据通过机器学习算法进行处理后产生某种模型；预测指的是在该模型的指导下，输入新的数据之后能够输出相应的结果。机器学习的基本原理如图 3-9 所示。用于训练的数据量越大，训练的次数越多，所得出的模型越精确，利用该模型进行预测的结果越有说服力。

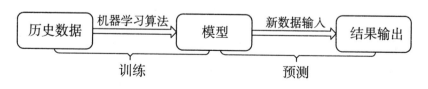

图 3-9　机器学习的基本原理示意图

在各领域发挥重要作用的机器学习技术同样能在财务领域有所建树，助力会计引擎向智能化工具转变。财务会计是会计的主要分支之一。机器学习对财务会计引擎的智能化改造主要围绕记账凭证的生成展开。应用机器学习技术之后，财务会计引擎能在大量标签化数据的训练之下持续提升性能，首先对业务信息进行高效率的准确识别，其次基于改进后的转换规则生成预制记账凭证并及时向财务系统传递，最后进入财务系统的预制记账凭证将成为正式记账凭证并自动完成记账过账。基于机器学习的智能财务会计引擎将在很大程度上解决令财务人员烦恼不已的重复性手工记账问题，给企业的会计核算工作带来质的飞跃，其贡献主要包括以下两个方面。

1.高效识别并提取业务信息

智能财务会计引擎的前端与企业的所有业务系统相连，纷繁复杂的业务信息将在应用图像识别与处理、文字识别与处理等技术的基础上转换为结构清晰明了的业务数据。首先，企业可使用影像扫描技术实现纸质原始凭证的电子化或通过网络传输获取电子原始凭证，再借助图像识别与处理技术在业务系统内完成对原始凭证的真伪识别、票面核对和分类工作，继而将这些原始凭证所包含的各项信息转换为固定结构的文字与数据，此过程中要避免出现遗漏和错误；其次，智能财务会计引擎将从业务系统内自动提取生成记账凭证所需的信息，并在文字识别与处理技术的支持下将这些信息进行进一步转化。机器学习技术的功效在于利用大量原始凭证的图像和文字，提升业务系统与智能财务会计引擎对业务信息的识别能力，使财务人员在记账时不用再基于经验判断手工选择会计科目，从而在最大限度上实现自动化记账，提高记账的效率和准确性。值得注意的是，在识别业务信息这一步骤采用的机器学习算法主要是监督式学习，因此必须对输入业务系统的原始业务信息与智能财务会计引擎提取的处理后的业务信息进行标记。例如：

A 企业 2019 年 7 月 1 日向 B 企业购买材料 C 用于生产加工，并于当日取得 B 企业开具的增值税专用发票一张。A 企业在将该发票的电子版导入业务系统之前，需对发票号码、开票日期、购买方信息、销售方信息与货物或应税劳务（服务）信息进行标记，同时注明付款方式；标记之后的增值税专用发票将被分类至采购系统，并在采购系统内由图像转换为文字与数据；在将文字与数据形式的材料采购信息传输至智能财务会计引擎之前，同样需对这些采购信息进行标记，根据开票日期指明记账日期为 2019 年 7 月 1 日，根据购买方信息、销售方信息、货物或应税劳务（服务）信息与付款方式指明应记入的会计科目：借记"原材料——C""应交税费——应交增值税（进项税额）"，贷记"银行存款——D 账户 / 库存现金 / 应付账款——B 企业等"，同时指明相应会计科目的发生额。

2.改进现有记账凭证的转换规则

快速、准确地对记账所需的业务信息进行识别和提取之后，智能财务会计引擎的下一项任务是基于一定的规则将这些业务信息转换为具有固定格式的预制记账凭证。预制记账凭证生成的前提是指明预制记账凭证的核心要素——记账日期、应记入的会计科目及各科目相应的发生额。在传统的财务会计引擎中，这项工作的完成往往依赖于财务人员的经验判断和手工操作，重复性高；然而，应用监督式学习算法的智能财务会计引擎能够事先经过大量标签化业务数据的训练并根据不同的业务类型和业务场景制订相应的转换规则，因此接收到新的业务信息之后，将在已有转换规则的指引下迅速生成预制记账凭证。随着用于训练的标签化业务数据量的增大，智能财务会计引擎内嵌的转换规则将处于持续不断的动态调整和优化完善过程中，由此大大增强企业会计核算工作与相关业务的同步性和协同性，为实现业财深度融合提供支撑。

（二）基于机器学习的智能管理会计引擎

管理会计是会计的另一重要分支。与财务会计强调核算、面向过去不同，管理会计着重于管理且面向未来，有助于企业在错综复杂的经营环境中实现生存与发展，因此日益受到管理者的关注和重视。机器学习对管理会计引擎的智能化改进的关键在于，其不仅会使用结构化程度较高的财务数据，还会使用半结构化与非结构化特征突出的非财务数据，同时将数据来源由企业内部真正拓展至企业外部，进一步优化管理会计在经营预测、决策支持和风险管控三个维度的职能，使改进后的智能管理会计引擎真正成为行之有效的智能化管理工具。基于机器学习的智能管理会计引擎的主要作用体现在以下三个方面。

1.提高经营预测准确性

经营预测通常指的是企业在结合历史和现有资料的基础上，按照其经营方针和目标对经营活动的未来发展趋势进行的预计和推断，大体可分为销售预测、成本预测、利润预测和资金预测等。准确的经营预测是提出有效决策的关键和前提。要想提高经营预测的准确性，企业必须加强其掌握信息的广度和深度。就广度而言，用于经营预测的信息应包含宏观市场环境、中观行业环境和微观企业环境三个层面。无论是预测国家的各项政策、行业的发展方向、竞争对手的优劣势，还是预测供应商、客户及自身的发展现状，企业都需有充分的洞察力和判断力。从深度上说，企业获取的上述三个层面的信息都应该足够深入，在遵循成本效益原则的前提下尽可能多地关注细节。企业内外部环境的瞬息万变导致绝对准确的经营预测无法实现，但在机器学习技术的助力之下，智能管理会计引擎获取的有效信息越多、信息的种类和内容越丰富，越能提高其最终生成的经营预测模型的相对准确性，进而能在经营情境发生变化时输出相对可靠的经营预测结果，为企业进行决策活动提供指引。

2. 强化决策支持功能

决策支持是管理会计最重要的职能之一，通常通过决策支持系统来实现。决策支持系统为决策者提供了分析问题、提出方案并模拟方案实施的平台，可辅助决策者利用数据、知识和模型来推理或计算解决定性或定量问题，在半结构化与非结构化决策过程中扮演了重要角色。随着数据处理技术的不断进步与革新，数据日益成为决策知识与决策模型的来源。因此，要想提高决策的水平和质量，必须根据决策目标获取足够多的与决策相关的数据并对这些数据展开充分的整理和分析，而应用机器学习技术的智能管理会计引擎正是分析数据、支持决策的重要工具。结合监督式学习与无监督式学习两大类机器学习算法，智能管理会计引擎能够有针对性地解决不同类型的决策问题：采用监督式学习算法处理大量标签化数据并生成常规化的决策模型与决策规则，将有效应对相对简单明确、可遵循固定规律的结构化决策问题，实现决策过程的自动化；采用无监督式学习算法处理大量非标签化数据，基于数据的内在关联而不是传统的财务思维得到某些特定的决策模型与决策规则，将为企业中高层管理者结合自身的经验判断和个人偏好进行决策提供有效辅助，使影响因素众多、决策过程复杂且无固定规律可循的半结构化与非结构化决策不再成为困扰企业决策的难题。

3.完善风险管控能力

企业的生存发展历程并非总是一帆风顺的，各种潜在的风险事件一旦真正发生，可能会给企业带来不可估量的损失。为降低风险事件的发生概率或减少风险事件发生时导致的损失，采取恰当的方法和措施进行风险管控是企业管理的重要内容。风险管控的流程大致包括风险识别、风险分析、风险管控方法选择和风险管控效果评价四个步骤。智能化管理会计引擎将在机器学习技术的助推下完成风险识别与风险分析的任务，有利于企业及时发现并妥善应对相关风险，提升风险管控效率，以保障各项生产经营及投融资活动的顺利开展。监督式学习算法的应用，需要已标明各项具体特征、相应风险类型和风险等级的大量风险事件数据来进行训练，使智能管理会计引擎充分把握不同类型、不同等级风险事件的特征，从而能够在某一新事件出现之时自动判断该事件是否为风险事件。若为风险事件，智能管理会计引擎将及时向管理者发送风险预警信号，同时分析、确定该事件的风险类型及等级，辅助管理者制订与之相匹配的管控方法与业务流程，将企业的风险控制在合理范围之内。

三、会计引擎的建设方法

（一）业务场景的全面梳理

对业务场景的梳理是设计会计引擎的基础。首先，需要对所有系统中需要生成会计凭证的场景进行无遗漏的穷尽式梳理。其次，细分场景的分类需要站在财务端核算角度进行区分。以原材料领用的场景为例，同一原材料领用的业务动作根据其用途的区别需要进行分门别类的核算，在场景库中以"科目分类"标签进行区分并利用其在之后的科目映射中进行定位（见表3-2）。再次，站在公司的角度横向比较各分支机构的相似场景是否为同一实质的业务，合并同类项，以优化凭证规则库，从而避免信息臃肿。最后，以最细分的业务场景为单位，构建会计引擎凭证规则体系。

表3-2　原材料领用场景

细分场景		场景编码	借贷方	科目分类
原材料领用	成本消耗	LY01	DR	固定成本
			CR	原材料
	大修理项目	LY02	DR	长期待摊费用
			CR	原材料
	新建项目	LY03	DR	在建工程
			CR	原材料

（二）构建动态会计科目映射规则

会计引擎从凭证规则的灵活性出发，解决了规则库过于臃肿的问题，为后期调整及运维带来便利。动态会计科目的映射规则是会计引擎的核心，围绕"费用类型"及"科目分类"两个维度来准确定位生成凭证需要的科目。以表3-2中的LY01场景为例，假设在该场景下发生了"备件"及"物料"两种原材料的领用，我们可以借助在借方及贷方定义的"科目类型"及系统输出的"费用类型"映射科目并形成分录。比如，某一项物料的费用类型在不同业务场景时，其映射的科目可能是原材料的明细科目，也可能是主营业务成本的明细科目、销售费用的明细科目，甚至在建工程和长期待摊费用的明细科目（见图3-10）。

费用类型编码	费用类型名称	原材料科目名称	在建工程科目名称	固定成本科目名称	长期待摊费用科目名称
NO.001	备件	原材料——备件	在建工程——初始物资	固定成本——备件	长期待摊费用——备件
NO.002	润滑油	原材料——润滑油	在建工程——初始物资	固定成本——润滑油	长期待摊费用——润滑油
NO.003	物料	原材料——物料	在建工程——初始物资	固定成本——物料	长期待摊费用——物料

分录　　DR：固定成本——备件　CR：原材料——备件
　　　　　固定成本——物料　　　原材料——物料

图3-10　不同业务场景的会计科目映射类型

（三）设计对接业财数据的载体——万能单据

依赖于会计引擎中庞大的映射规则库，万能单据可以毫无财务专业属性的字段信息（如场景编码、费用类型代码等少量的核心数据）来承载所有业务场景的数据信息。当拥有少量字段信息的万能单据进入会计引擎后，系统根据万能单据的核心数据从后台调用设置好的映射规则，匹配不同场景的记账分录、字段信息和科目映射。

四、会计引擎在企业财务中的实际应用

A公司是某央企集团下的航运企业，2017年年底开始推行业财一体化建设，并于2019年年中完成上线对接工作。A航运企业的业务主要分为航运调度管理、船舶管理、船员管理三个独立的板块。目前，市场上暂无成熟的管理系统能够完全覆盖这三块业务。在推行业财一体化的过程中，A公司发现每个下属公司在这三块业务中所用的系统各不相同，统计下来共有十几套业务系统；各个公司都已在船端安装了船端系统，以实现船岸连接。对于A公司来说，贸然统一业务系统并不现实，而对业务系统进行大范围改造需要花费大量时间和经济成本。因此，A公司把建设会计引擎作为业财一体化中的重要桥梁。

航运企业有两大特性：一是单船公司多。航运企业一般会以单条船注册一家企业，并设置独立账套单独核算，再与管理公司签订管理协议来对自有的单船公司进行管理，以此规避生产运输时重大的海域污染事故导致的超过船价的巨额赔偿风险。二是单航次核算。一个航次对于航运企业来说就是一个独立核算的经营项目，而航次在生产作业中往往会跨越不同的会计期间，且远洋运输后，海外的供应商提前收取了款项后，相关的成本发票单据往往提供得很不及时。针对上述两大特征，A公司在设计会计引擎时就预设了几个相关的逻辑功能。

（一）利用简要字段信息满足跨账套记账

航运企业在集中管理和采购中经常存在一张单据需要跨不同的账套来生成多个单船公司的多张凭证的情况。传统的业财一体化需要在每个业务系

统针对各种复杂的业务场景分别设置生成凭证的逻辑。对此，A公司设计了万能单据作为载体。万能单据上只有场景代码、船名、航次、费用类型、币别、金额等少量的字段，并设置标准接口，而前端业务系统在不同功能模块的管理流程中遇到需要核算的场景，自动向会计引擎传递这几个简单的字段信息即可。万能单据传到会计引擎后，系统会自动以场景代码来匹配会计引擎中预设的凭证记账规则库，从而调用对应的记账规则；船名则是对应的单船公司记账组织的标识，又和航次组合成记账科目的成本中心和利润中心；再以费用类型匹配对应的损益科目；最后配合币别和金额组成完整的凭证信息。企业的核算精细化导致在会计科目下设置了较多的辅助核算项，如"费用性质""成本要素"等。此类辅助核算项用于区分该业务的会计核算属性，如"费用性质"通过"实际数""预估数"来区分发票入账的实际成本和预估成本。为了简化业务系统的输出字段，A公司在会计引擎中全部通过场景编码在会计引擎端进行映射，不再需要业务系统在单据中进行赋值，进一步使万能单据所承载的信息轻量化。

（二）内部往来挂账逻辑优化

如前面所述，航运企业通常采用"船舶管理公司＋单船公司"的模式开展旗下船舶的管理及运营工作，一项经济事务发生通常需要双边，甚至是多边挂账进行核算。以"原材料调拨出入库"这一场景为例，管理公司为了发挥规模经济的优势，往往会对通用的船舶备件物料进行集中采购，再分拨至下属船舶。在传统业财模式下，业务系统对于"调拨"这一业务动作需要同时站在管理公司与单船公司的角度分别发送"调拨出库"与"调拨入库"两单凭证来完成记账。在会计引擎模式下，通过场景代码就可以定义双边的往来科目，配合对应的原材料费用类型映射出管理公司与单船公司各自的借、贷方科目，从而取得以一张万能单据完成往来双方挂账的效果。

（三）单一业务单据多步骤财务处理

第一，航次变动成本的会计预估。航运企业在月末通常会对已发生但未取得原始凭证的航次变动成本进行暂估，并在次月初红冲，直至取得原始凭证后入账。在传统业财一体化模式下，业务系统需要在暂估与红冲两个时点分别发单记账；在会计引擎模式下，可以利用场景编码识别"航次变动成本暂估"这一场景，并自动生成次月红冲凭证。

第二，权责发生制下的成本分摊。为了防止或减少因机械设备故障、海难意外事故、船员或人员伤亡、疾病就医、货物及租金损失或相关法律诉讼等所遭受的一系列损失和风险，航运企业需要投保各类保险。公司在保费支付的时点将预支的未发生月份的保险费记在资产类科目下，后续分别在相应保险期间内摊销预支的保险费并转入成本。

在传统业财一体化模式下，业务系统需要在每一个保险费分摊时点分别发单记账；在会计引擎模式下，业务系统只需要发送一张待分摊的总额单据。会计引擎会利用场景编码识别"预交保费分摊"这一场景，并利用在万能单据的相关字段中明确的起始分摊日期、分摊期数，便可在相应期间生成相应的分摊凭证。

（四）依据科目余额的核算规则

根据《企业会计准则第14号——收入》规定，企业应当根据履约义务与客户付款之间的关系在资产负债表中列示合同资产或合同负债。远洋航线的合同执行周期较长，航运企业对于期末仍在进行中的营运航次会依照准则按履约进度确认本期收入。确认收入时，首先判断合同负债是否有余额，优先冲减合同负债科目的余额，剩余金额计入合同资产。

在传统业财一体化模式下，业务系统需要与核算系统搭建接口，以查询合同负债科目的余额，再依据查询结果与此次收入确认金额比对，判断此次记账的借方科目。在会计引擎模式下，余额查询的节点后撤至会计引擎所在的核算端，大幅度缩短了单据的在途时间，提高了科目余额查询的准确率与记账的正确率。

通过以上功能，A公司能够以万能单据接收少量业务数据，完成复杂的会计判断，生成正确的会计凭证。以收入确认为例，业务系统在进行收入确认时，后台自动抓取相应数据，以万能单据的形式发送给会计引擎，而这张单据上有场景、费用类型、船名等信息。会计引擎自动通过场景代码判断记账规则，通过科目余额查询结果、是否填写税额等信息进行会计判断，通过费用类型映射出明细科目；船名既是损益科目里的成本利润中心，又是不同单船公司的记账组织，还能映射出不同的会计要素，如自由船、租入船等。最终，会计引擎通过这些简要的字段信息，自动生成不同单船公司的凭证（见图 3-11）。

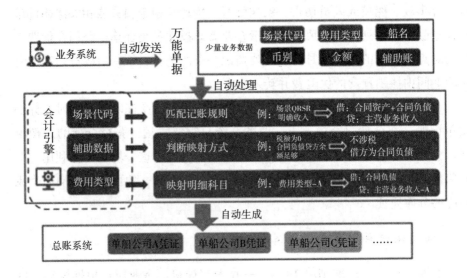

图 3-11 不同单船公司凭证的生成

在会计引擎的应用中，A 公司将包括记账规则在内的整套会计核算逻辑从十几个业务系统中剥离出来，明确企业业财系统的职责边界。业务系统抓取不同生产环节的业务数据，发送万能单据到会计引擎中，将预先配置好的凭证规则转换为会计凭证并发送到核算系统。就业务系统而言，其只需要专心负责业务管理，不需要具备财务逻辑，但凡触及业财一体化记账的场景，系统会自动抓取数据进行传输；就财务部门而言，财务规则统一拿到会计引擎来维护，一旦相关法规准则或者内部核算指引有变化，可以即时配置和维护凭证规则；对核算端的财务人员而言，财务规则统一拿到共享端，有利于财务人员熟悉核算制度，以及维护、管理好会计引擎。

第三节　电子影像与电子档案

一、电子影像系统

（一）电子影像系统的作用

首先，通过开展电子影像系统的建设，对企业财务共享服务中心的财务业务进行重新梳理和规划，寻找业务价值新增点，提高财务共享服务中心管理效益，满足公司财务管理工作的需求。

其次，通过影像扫描技术，可实现企业财务共享服务中心业务领域的业务单据审批无纸化办公。通过影像扫描技术，实现财务、物资、基建等票据支付工作从业务到财务的全封闭安全管理，实现单据管理规范化、高效化，在整体上推进单据审批流程高效运转，全面实现试点业务无纸化办公应用，以提升财务共享服务中心的运营能力和服务效率，达到规范管理、提高效率、降低成本的目的。

最后，增强系统扩展性、整体功能可配置性性能，可以方便地将电子影像功能扩展应用到其他业务系统（如总账系统、电子档案系统）中，实现投资收益最大化。

（二）财务共享服务中心的影像管理业务流程

财务共享服务将企业集团和各分公司共同、重复、标准化的业务提取出来，通过财务共享服务中心进行集中统一处理，而影像管理系统有效地解决了财务共享集中处理的要求与原始凭证分散产生的矛盾。影像管理系统支持对票据影像的采集、传输、存储和调用，并能实时跟踪影像文件、纸质票据的状态和位置信息。影像管理系统分为扫描子系统和影像服务子系统两个部分。扫描子系统通常安装在分散的各分公司电脑端，电脑端通过控制不同的高速扫描仪，对各种原始凭证、发票、报账单、合同等会计资料进行影像扫描、图像处理、封面条码识别、发票 OCR 识别、影像自动分组和影像上传（包括实时上传和批量上传）等操作。影像服务子系统则负责对实物票据和影像票据资料进行管理。各分公司的采集人员首先将采集的纸质票据进行分类整理，随后扫描人员通过扫描端将票据扫描并上传至财务共享服务中心，财务共享服务中心即可记录、监控有关部门对实物票据的接收、内部转移等信息，也可以通过影像管理中心实现对影像票据资料的审核、浏览、调阅以及相关的统计分析。

下面从影像采集、影像传输、影像存储、影像调用四个核心环节，对企业财务共享服务中心的电子影像管理过程进行详细阐述。

1. 影像采集

影像采集是影像管理系统的数据输入前端。企业集团各分公司首先对各类原始凭证、发票、报账单、合同等会计资料进行收集汇总，随后通过各类高速扫描仪进行静默式扫描，隔离复杂的参数，而影像管理系统能够根据会计资料类型的不同自动筛选相应的扫描仪进行影像识别。针对原始凭证的影像识别，影像管理系统可以提供印刷体识别、手写体识别、条形码识别和 OCR 识别。针对票据管理，影像管理系统通过 OCR 识别技术对发票资料进行扫描，自动分析并对发票进行校验，无须人工干预。针对企业资金管控，影像管理系统可以自动筛选承兑汇票行号、票号，并与央行数据库进行比对，识别假票、废票，实现承兑汇票的智能管理。针对合同管理，影像管理系统通过版面智能分析技术和模式智能匹配技术只显示合同的封面、盖章页等关键页，以提升后期的审核处理效率，满足企业的业务需求；同时，对上传影像进行版面分析、特征定位、特征抽取、模式匹配及批次清分，将电子文件进行分组管理。此外，影像管理系统还会采集 Hadoop 的 Chukwa、Cloudera 的 Flume 等系统日志数据，以及通过网络爬虫技术从网页中抽取信息。

2. 影像传输

影像传输主要通过 TWAIN 协议、SANE 协议以及 ISIS 接口将采集的确认无误的影像资料上传至 FTP 服务器。影像扫描人员首先将采集的影像资料按照纸质会计资料的分类方式进行归类，实现纸质档案与电子档案的一一对应；其次，对扫描进入系统或者导入系统的影像资料逐一进行初步质检。对于质检未通过的影像，扫描人员可以直接将其删除并重新扫描录入，也可以对其做进一步处理，包括裁剪、旋转和纠偏等，以此提高影像的可用性。对于重新上传的影像资料，系统会精确控制其业务属性，便于财务人员对新增的影像资料进行审核并上传。对于初步质检通过的影像资料，系统会自动将影像资料与纸质档案进行关联，并建立相应的索引信息。此外，各分公司的扫描人员可以选择实时上传和定时上传两种影像上传模式，同时进行校验码认证，这样可以确保上传的影像信息的安全性和正确性。

3. 影像存储

影像存储支持多种数据存储技术。影像管理系统不仅可以采用磁盘和磁盘阵列集中存储、Oracle 和 DB2 分布式数据库存储，也可以采用 MongoDB、HBasse 以及 Hadoop 的 Hive、Inpala 等对数据进行并行存储。影像存储在存储结构上可以采用 Geodatabase 模型和影像分布式云存储两种方式。系统通过 Geodatabase 模型可以将正确无误的影像资料分为影像目录和影像数据集两种方式进行存储，在层次较高的影像分类上采用影像目录的方式存储，在层次较低的影像分类上采用影像数据集的方式进行存储，即系统首先对存储的影像信息进行自动分类，并建立相应的影像管理知识库来存储影像管理系统中的各种信息元素，主要包括原始凭证、票据、合同及报账单等，这些元素可以采用影像目录的方式进行存储，而其中每个信息元素又包含了多种不同的详细信息，这些信息可以采用影像数据集的方式进行存储。影像分布式云存储利用集群、分布式文件等技术，不仅可以解决海量影像的存储问题，还可以解决存储设备间的协同性问题，即在影像存储中，系统通过分布式文件技术存储正确无误的影像资料，利用集群技术在财务共享服务中心构建不同的文件服务器来存储不同时期影像资料的数据信息，使得系统实现影像资料的海量存储。

4. 影像调用

企业集团和分公司通过影像管理系统可以实现影像信息的实时查询调用。影像管理系统在影像存储阶段存储了影像资料、影像来源、获取时间和分辨率等元数据信息，因此在影像调用阶段，系统可为用户提供影像级别的元数据查询和浏览。通过这些元数据，用户无须打开查询到的影像资料，仅通过查询结果即可判断是否存在满足条件的影像资料，这样不仅可以降低打开影像浏览的时间，还可以大大提高查询工作的效率。用户也可以通过精确查询、模糊查询及组合查询等多种查询方式获取个性化的影像资料。在查询到符合条件的影像后，用户可以对其进行实时动态处理，即基于财务共享云平台对影像进行投影、组合、拉伸、映射渲染等操作，并实时获得影像处理结果，以便后续的影像下载和分析。系统为用户提供了两种不同的分发方式下载图片：一种是用户选择若干影像后下载其全部的原始数据；另一种是用户对影像进行进一步确认，只选择自己感兴趣的区域进行下载，同时用户还可以自定义影像输出的分辨率和影像格式等。系统还支持桌面客户端、各种Web APIs和移动设备访问共享的影像资料，使用户在任何地方都可以获取其需要的影像资料并进行分析与应用。此外，大数据下的海量影像数据更新频率快，仅仅依靠手工单张更新会极大地降低更新效率，因此影像管理系统为企业提供了数据加载工具，可以加快影像数据导入、导出的速度。

二、电子档案系统

（一）电子档案系统的内涵

电子档案系统是将公司会计档案纳入系统管理，实现会计凭证和电子影像的自动匹配、分册，使档案的归档、借阅等都在系统内有迹可查的信息系统。电子档案系统在整个财务系统中处于核算层中的财务运营系统部分。电子档案系统可以实现企业实体档案的信息化，并且将企业的电子档案和实体档案进行关联管理。电子档案系统以影像技术为支撑，以会计核算系统为基础，进一步与网上报账系统等企业其他信息系统进行集成，解决企业内部会计数据系统之间信息孤立的问题，提升了企业会计数据加工的自动化水平，而且电子档案系统的应用在很大程度上提升了企业会计信息同外部环境的集成水平。

电子档案管理系统可以很好地解决财务共享模式下纸质档案异地的采集、传递、借阅、管理等问题，对于外部原始凭证实现有效的管理监控，同时对不同地域的凭证进行定位管理，通过影像系统统一采集到系统内，减少人为的纸质凭证传递过程，对纸质档案原件实行有效保护，实现多地域、多人员同时在线调阅档案，提高审计、纳税申报以及税务机关征管的工作效率；对于内部原始凭证通过企业接口平台直接获取，提升企业信息化集成水平，实现企业无纸化和一体化办公。

（二）电子档案系统的流程

电子档案系统通过与网上报账系统、核算系统、电子影像系统等其他业务系统的无缝集成，形成与实物凭证完全一致的电子凭证，并按实物凭证归集方式分册和归档，实现凭证的电子化管理，实现财务电子凭证文档的全面集中管理。电子档案系统数据的传递流程依次为信息采集、凭证管理、归档管理和档案管理。

（三）电子档案系统的功能框架

电子档案系统的功能框架主要分为档案归档和档案查询借阅两大模块。

1.档案归档模块

档案归档主要是将企业自制的作为记账凭证的电子文件同内、外部原始凭证的影像文件进行匹配，生成完整的电子记账凭证档案数据，以册为单位，在系统内进行管理，达到纸质会计凭证同电子会计凭证的完全统一。电子会计凭证将取代日常凭证调阅中对纸质会计凭证的依赖，使得纸质档案免受人为翻阅和电子设备复印、扫描的损害。

凭证打印：电子档案系统需要优化凭证的打印方案。凭证、报账单、原始单据紧密关联，因此打印凭证时要充分考虑这种联系。在现有打印凭证方法的基础上增加以下四种打印方式，以提高效率：第一，按纸质报账单顺序打印凭证，方便凭证和报账单的匹配和粘贴；第二，用户可以自定义凭证打印顺序；第三，支持重复打印；第四，可以关联报账单打印。

凭证匹配：为了形成一套完整的财务档案，电子档案系统需要将会计凭证与实物档案和电子报账单进行关联。在信息采集阶段，电子报账单提交时会形成唯一编码的单据号和对应实物档案单据的票据号；当实物档案进行扫描转化为电子档案时，系统会赋予其扫描时的索引号；会计凭证一般根据报账单自动生成，从而形成唯一的凭证号。基于此种模式，单据号、票据号、索引号和凭证号均可建立联系，最终实现会计凭证与实物档案的匹配。

凭证分册：电子档案系统按照会计凭证号的顺序自动排序，且保证会计凭证号连续、完整。系统可以根据凭证份数，实现电子档案的自动分册，而后纸质档案则同样根据这种规则实现人工手动分册。在凭证分册的过程中，电子档案系统可自动进行缺号分析，并对缺号凭证的负责人进行系统催办。

凭证入柜：电子档案系统将自动分册后的凭证册按照一定的规则合并至对应的凭证盒中，而后根据企业实物档案保管的场地空间限制保存至对应的凭证柜中。实物档案的凭证入柜路径均记录在系统中，使得档案使用人通过查看系统中记录的保管信息，即可轻松找到对应的原始实物档案。

2.档案查询借阅模块

档案查询：电子档案系统的查询功能可实现在一个系统中完成从明细账到会计凭证、应付票据、报账信息及原始单据的会计信息追溯。此外，电子档案系统支持查询系统内的不同法人、不同账簿、不同类别的电子档案在系统内的状态、累计册数、实物保管地点等信息，并出具多维度的档案管理报表。

档案借阅：档案借阅功能主要涵盖了档案借阅的一系列流程，包含借阅申请的发起、系统内的借阅电子审批、借阅归还、借阅催还及续借申请。档案借阅主要以调阅电子档案为主，以调阅纸质档案为辅。

库房管理：库房管理功能包含企业电子及纸质档案的入库、出库、归还、盘点等功能。系统可以定位到每一本纸质档案的库存状态和具体库位，方便档案使用人调阅和查找；通过条码技术的应用对纸质档案进行监控管理，确保纸质档案同电子数据一致，提升档案管理水平。

（四）电子档案系统信息对接管理

电子档案系统以影像技术为支撑，以核算系统为基础，进一步与网上报账系统、合同管理系统、人事管理系统等企业的其他信息系统进行集成，解决企业内部会计数据之间信息孤立的问题，提升企业会计数据加工的自动化水平。根据电子档案系统的信息采集来源，其系统对接的主要是网上报账系统中的报账信息、核算系统中的会计凭证信息及合同管理或人事管理系统中的业务信息。

电子档案系统可从网上报账系统同步获取电子报账单单据号、电子影像票据号的对应关系，从而完成系统的凭证匹配归档工作。同时，档案使用人可在电子档案系统中联查追溯到网上报账系统的报账信息。电子档案系统从会计核算系统获取会计年度、会计凭证号、账簿信息、凭证信息等会计档案基础信息。对于没有对应电子报账单的会计凭证，需要打印凭证封面（生成封面条码），并根据实际情况在电子影像系统中补扫原始单据。同时，档案使用人可在电子档案系统中联查追溯到会计核算系统中的会计凭证信息。电子档案系统还可与企业的前端业务系统，如合同管理系统、人事管理系统、OA办公系统等进行对接，从而实现企业业务单据的集中电子化档案管理功能。

（五）财务共享模式下电子会计档案管理的现实价值

1.分类式的档案处理，显著提升档案管理精细化程度

大数据时代，财务共享是财务行业工作的主流趋势之一，在此背景下，要想做好电子会计档案管理，必须明确档案类别，并做好不同类别的整合工作。传统会计档案管理工作中对于档案主要依靠人力手工分类，将原始单据根据不同种类进行编号，统一管理。这种依靠人力进行的档案分类，耗时长，工作效率不高。财务共享模式下，电子会计档案管理基于FSSC云平台对档案进行电子化分类，运用软件对信息进行录入、分类与整合，将不同类别的档案归置于不同文件夹，而且文件夹中的信息也可进行自动编码，这样后期账目的复核与记结账效率将会大幅度提升。财务共享模式下，电子会计档案管理过程中会涉及大量信息，有些信息如合同、订单等仍然需要纸质记载，对此，可在打印纸质文件的同时进行自动化的信息录入，将信息同步于共享系统。经过整合处理，原始数据凭证与企业生产、经营各个环节的会计信息相关联，使会计档案管理更为全面化且精细化。

2.实时化的数据更新，有效提升档案管理的实效性

传统会计档案数据信息多为静态的，且数据间往往无直接的联系，而财

务共享模式下的电子会计档案的数据信息既能独立存在，又可与其他信息之间建立联系。例如，分公司财务人员对档案进行扫描，基于影像识别技术对档案信息进行自动读取，而后传送至云端进行后续处理，同时按照档案类型进行自动化的报表分类，便于后续搜索查询，这样就为企业决策提供了依据，切实保障了财务档案管理的有效性。财务共享模式下，基于财务共享云平台将档案数据信息存储于云端，利用大数据、云计算技术进行实时化的数据更新，使数据存储空间变大、报表编制更为便捷、档案管理实效性凸显。

3.基于云端存储数据，提高档案管理处理效率

财务共享模式下的电子会计档案管理利用共享技术可将数据进行实时线上传输，减少纸质档案形式，同时，云端具有巨大的存储空间，使得电子档案存储、应用更为方便。基于财务共享模式，利用现代化大数据、云计算、物联网等技术，不管是在会计报表编制上，还是对档案信息的分析处理上，都进入了自动化时代，并且可根据企业目标计划及领导者需求进行有针对性的档案分析处理，定制个性化数据报表，而无须大量人力、物力。由此可见，电子会计档案不管是在分析处理还是在实际应用上都具有极高的效率。

4.降低信息传输成本，促进生产经营发展

云端技术处理过的电子会计信息通过网络传输并存储于云端。这种传输属于网络化的线上传输，信息运输成本相对较小，且这些会计档案信息皆可进行跨区域的异地查询、检索、处理等，真正实现了跨区域的财务共享。同时，档案使用人可随时随地查询到历史会计档案，并与当下的会计档案进行直观的分析与对比，这样可以为企业提供更精准的经营发展趋势，便于企业做出更科学的经营决策；基于此，也可结合企业经营发展现状，有针对性地调整生产经营要素，为企业发展提供正确的航向指标，促进企业正常经营，始终行驶于正轨，且持续前行。

第四章　业务流程标准化与自动化处理

第一节　基于 RPA 的财务共享服务中心总账管理

一、总账管理概述

总账管理是财务的核心，所有会计凭证最终都要进入总账模块进行处理，所有业务数据最终都在总账系统会集。总账系统具有建账、月末结账、日常业务凭证的审核及记账、月末计提和结转类记账凭证的制作审核及记账、账簿的查看、会计报表的编制等功能。总账管理模块能提供完整的财务核算及财务分析过程，是公司的业务活动在财务上的反映。各个子公司的业务管理系统、人力资源管理系统、客户关系管理系统、供应链系统全部与总账管理模块相连，以此来共享财务信息。该模块可以通过财务机器人的使用达到财务核算自动化、专业化的目的，让企业减少财务人员的投入，加快财务核算速度，提高数据精确度，还可以提供给企业多重视角、各个方面的详细的财务数据，同时帮助企业管控往来款及现金等。

总账管理的业务流程一般为账套的初始设置、凭证的填制、出纳签字、凭证的审核、记账、账簿查询、银行对账、自动转账、对账、结账、打印等。在财务共享服务中心，可以将总账管理分为凭证的管理流程、财务的基本核算流程、关账的流程及报表流程。在凭证的管理流程中，系统生成凭证主要包括业务人员进行系统操作生成总账凭证、财务共享服务中心人员进行系统操作生成总账凭证并进行档案归档工作。为保证数据源头的唯一性，该部分应该限制凭证的修改与录入，相关重要信息与数据自动从上一节点获取。为确保财务信息的完整，审核通过的相关业务应全部自动生成相关凭证，并设置统一的时间节点，让财务人员进行总账凭证的审核操作与结果反馈。

基本核算功能包括成本的核算、工资薪酬的核算、税务的核算等。其中，工资薪酬的核算流程包括工资薪酬计提报账单的提交、审批以及财务审入账；支付流程包括计算工资，个人所得税、五险一金的计算，相关补助表的计算、审核及导入，工资发放明细表的制作、工资薪酬报账单的填写及各级责任人进行审核，财务进行审核入账；冲销流程包括提供工资发放明细表、总账报账单的填写和对工资薪酬的差异进行账务调整。这一模块应与人力资源管理系统以及绩效相关模块相连，以获取相关信息。

关账包括关账清单的下发流程和关账流程。每月的月末，财务人员在"月末关账检查清单"中列出各项关账工作，如现金盘点、银行对账、销售收入的确认、应收应付款项的对账、关联方的对账等，审核关账清单后下发至各分公司的相关小组，这一模块需要财务共享服务中心与各省级下属子公司相关联。由于关账工作变为线上，通过信息的实时共享可以统一关账时间，提高财务工作效率。在财务人员完成各项关账工作之后，系统生成工作底稿，从此作为"月末关账检查清单"的附件。

报表流程中，报表管理系统可以使用从各个子系统获取的信息和其他外部信息编制企业所需的报表，并提供报表分析。系统从总账管理系统获取科目基础数据，从其他业务系统获取业务数据，从应收、应付及资金等管理模块中获取相关的凭证信息，根据设置好的报表格式及报表公式进行财报及附表的编制工作，这一过程是对数据自动处理的过程，整个过程不需要人员的干涉。报表生成后，系统禁止财务工作人员修改表中的数据，并根据审核公式，通过对报表钩稽关系的核对和验证自动审核编制的报表数据。系统还提供报表的输出功能和分析功能，其中输出方式包括页面显示、打印输出、磁盘输出及远程输出；分析功能包括结构分析、比较分析、趋势分析和比率分析等，便于为财务管理提供相关数据。系统还可以根据母、子公司报表数据文件及抵消分录文件生成合并报表。合并报表生成后，各级责任人负责对其进行审核。

总账管理模块的功能包括财务分析，其分析结果的使用者是企业的管理者。财务分析得到的结果可以用来预测企业财务的未来走向，并为管理者提供决策依据。

公司业财一体化的思想下，FSSC 的核心业务流程总账管理运用 RPA 进一步优化财务工作流程，减少大量人力、物力及财力的投入，提高财务人员处理总账相关业务的效率，降低工作操作错误率，从而达到加强内部风险管控的目的。

下面以 ABC 集团为研究对象，在阐述 FSSC 总账管理现状的基础上，具体分析总账管理凭证处理流程各个节点存在的问题，从而运用大数据、云平台等技术，基于 RPA 对总账管理进行优化研究，以期对未来 ABC 集团财务共享服务中心 RPA 的运用提供更加精细化、科学化的实践经验和理论依据。

二、案例分析——以 ABC 集团为例

（一）ABC 集团财务共享服务中心总账管理的现状与问题分析

1.ABC 集团财务共享服务中心总账管理的现状

总账管理是财务共享服务中心各业务和系统的核心，是财务工作的重心。在业财一体化的今天，总账管理的业务流程主要包括出纳管理、凭证处理、基本核算、关账等。总账管理是企业的中枢管理系统，全方面反映了企业生产、销售以及企业的资产负债和经营成果。其他的子系统均需要将基础数据传输到总账管理系统，同样，总账管理系统把各个子系统有机地联系起来，将基础数据分析传输给各个子系统，以辅助各部门进行预决策。

ABC 集团总账管理系统的总体分析如图 4-1 所示。总账管理系统由 11 个子系统组成，其中包括凭证核算子系统、收入核算子系统、往来管理子系统、接口子系统等。总账管理系统需要与外部关联子系统进行业务凭证信息的交互，如与资金系统、资产系统、财务辅助系统等的交互，以便 FSSC 进行统一的凭证录入、统一的凭证复核及统一的凭证记账操作。

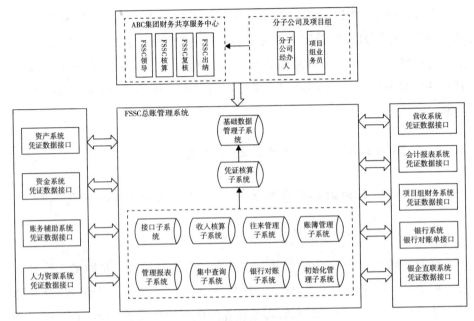

图 4-1 ABC 集团总账管理系统的总体分析

ABC 集团总账管理的凭证处理流程如图 4-2 所示。目前，ABC 集团先由分公司各业务部门的经办人填制各业务模块的原始单据，将生成的单据文件交由分公司领导审核项目是否真实，审核通过后交由分公司负责人汇总单据，并将原始材料邮寄到 FSSC，由 FSSC 集中核算各个分公司及项目组上传的成本费用汇总单。在此过程中，先由 FSSC 初审岗财务人员审核原始单据和交接单是否一致，审核通过后交由 FSSC 稽核岗财务人员进行审核；FSSC 初审岗财务人员主要审核单据是否合法、合规，若审核通过，提交给 FSSC 核算岗财务人员；FSSC 核算岗财务人员审核确认金额，如若与申报金额不符，不予通过，如若相符，在财务共享服务平台查看申请单信息，如果可以按照申请单完成账务录入，就在系统中完成总账录入，如果不能按照申请单信息完成总账录入，需要退给发起人，让发起人补充相关信息。FSSC核算岗财务人员审核通过后交由 FSSC 结算岗财务人员进行结算支付，最终由 FSSC 会计主管记账，生成会计凭证。在 ERP 系统的支持下，各个负责部门的数据交接和转换通过接口实现数据信息的共享和传输。

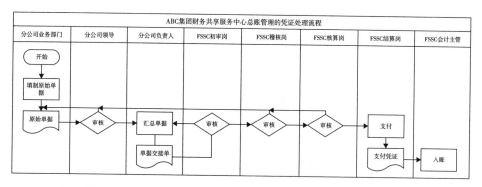

图 4-2　ABC 集团财务共享服务中心总账管理的凭证处理流程

2.ABC 集团财务共享服务中心总账管理问题分析

ABC 集团 FSSC 总账管理基于 ERP 操作系统，能实现基本的各系统间的数据实时传输，以及数据流程化的精确传输与交互，然而在总账管理的几个重要流程中，以及跨流程交互作用过程中，依旧需要大量的人力做支撑，仍未达到流程自动化的目标，并且依旧包含大量冗杂的数据，流程自动化偏低，执行效率较低，难以实现精细化运作。就总账管理而言，需设置成本核算岗财务人员、薪资核算岗财务人员、税务核算岗财务人员等财务人员岗位，负责相关业务的复核与核算工作，并负责与相关人员的接口工作，但 ABC 集团总部层面财务人员总计 24 人，分公司财务人员总计 180 人，总分比为 1：7.5。从整体来看，总部财务管控力度较弱。以进一步加强流程自动化、提升总部财务管控能力为目标，根据 RPA 工作原理，发现 ABC 集团 FSSC 总账管理凭证处理流程中存在的问题，具体表现在未能实现原始单据的影像采集、识别、分类，未能实现凭证的分类、分等级自动审核及未能实现凭证的自动录入等方面。

第一，未能实现原始单据的影像采集、识别与分类。ABC 集团 FSSC 总账管理主要包括原始单据的采集、识别与分类，凭证的录入、审核与记账，档案的归档与借阅，月度及年度的关账等流程。其识别与分类中，原始单据的采集是 ABC 集团 FSSC 从各个分公司及各个项目组业务经办人身上高效地采集原始数据信息，然而目前 ABC 集团各分公司及项目组仍然采用手工处理原始凭证的方式，由分公司各业务部门的经办人填制各业务模块的原始单据，将生成的单据文件交由分公司领导审核项目是否真实，审核通过后交由分公司负责人汇总单据，并将原始材料邮寄到 FSSC，由 FSSC 集中核算各个分公司及项目组上传的汇总单。因此，ABC 集团 FSSC 仍然需要投入大量的人力来集中处理基础的财务单据工作，如在单据处理中，每月各分公司将产生大量的销售发票、费用报销单、工资单、各类增值税发票等原始单据。由于大量的人力、物力耗费在基础的财务工作中，财务人员无法更好地参与到集团管理活动中。

第二，未能实现凭证自动录入。ABC 集团 FSSC 初审岗财务人员审核原始单据和交接单是否一致，如若审核通过，FSSC 初审岗财务人员将原始单据及原始单据交接单传送给 FSSC 稽核岗财务人员；FSSC 稽核岗财务人员主要对单据的合法性和合规性进行审核，若审核通过，提交给 FSSC 核算岗财务人员；FSSC 核算岗财务人员审核确认金额，如若与申报金额不符，不予通过，如若相符，在财务共享服务平台查看申请单信息，如果可以按照申请单完成账务录入，就在系统中完成总账录入，如果不能按照申请单信息完成总账录入，需要退给发起人，让发起人补充相关信息。FSSC 核算岗财务人员在进行账务录入时，依旧停留在手工录入层面，每月各分公司及各项目组都会产生大量需审核的单据。上万张的合规单据需要财务人员手工录入总账管理系统，不仅耗时耗力，而且占用了大量有价值的人力资源。

第三，未能实现凭证的分类、分等级自动审核。FSSC 初审岗财务人员将原始单据及原始单据交接单传送给 FSSC 稽核岗财务人员，FSSC 稽核岗财务人员主要进行单据合法性和合规性的审核。此时，FSSC 初审岗财务人员交由 FSSC 稽核岗财务人员的单据具有量大、繁杂且无序的特点。FSSC 稽核岗财务人员需要对上万张单据进行合法、合规性的审核，工作量大，并且没有任何规律性，无法进行分类别、分等级的快速审核操作，无疑既增加了财务人员的工作量，又降低了 FSSC 的工作效率。

（二）基于 RPA 的财务共享服务中心总账管理优化整体框架

针对 ABC 集团 FSSC 总账管理凭证处理流程中存在的问题，基于 RPA 主要从原始单据的影像采集、自动识别、分类、分等级，以及将合理、合法、合规性的原始单据自动录入总账管理系统等进行优化设计。ABC 集团基于 RPA 的 FSSC 总账管理优化整体框架如图 4-3 所示。

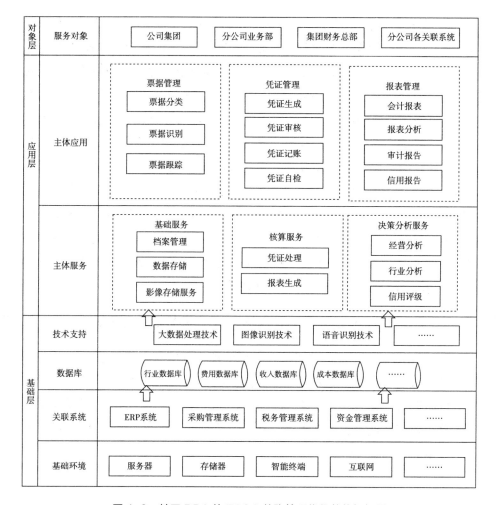

图 4-3　基于 RPA 的 FSSC 总账管理优化整体框架图

　　基于 RPA 的 FSSC 总账管理优化整体框架共分为三层，分别为基础层、应用层和对象层。基础层包括基础环境、关联系统、数据库及技术支持。基础层提供基于 RPA 技术的服务器、存储器、智能终端、网络硬件、网络安全设备等智能应用环境。总账管理系统与各个子系统间以互联网及 ERP 接头子系统为纽带，实现各个子系统与总账管理系统的数据交互作用，还可以在 ERP 系统权限范围内实现对各个子系统基础数据的查询与访问，实现信息互通和数据共享。基础层的数据库通过多渠道、多方法把来自各个子系统的基础数据进行全面采集，其中既包括成本数据、销售数据、费用数据、工资数据等结构化数据，又包括政府、工商、同行业内的非机构数据，该层级为 RPA 技术提供信息支持。基础数据通过各个子系统的归集整理，存放于数据库中。在大数据、图像识别、语音识别等技术的支持下，RPA 对数据进行细分处理，从杂乱无序的数据中抽取目标数据进行转换和加载，实现对数据的整理和清洗作用；根据图像识别技术，将收入、费用、成本、工资薪酬等数据按照对应的会计科目进行分类处理；同时通过行业等数据库的大数据分析，将供应商进行等级划分，对各项目进行金额预判断，提高应用层处理会计凭证的工作效率。应用层包括主体服务与主体应用。ABC 集团 FSSC 基于 RPA 先自动识别、对比单据信息，从而判断其一致性，然后自动生成相应的会计科目，进行凭证录入操作，最后根据企业的不同需求，定制个性化流程。对象层是具体的服务对象。RPA 不是物理机器人，而是代替人类手工操作中重复单一业务流程的一种软件。因此，在集团的各个业务节点都适用 RPA 进行流程优化，以提高业务处理效率。

（三）基于 RPA 的财务共享服务中心总账管理优化与改进

针对 ABC 集团 FSSC 总账管理凭证处理流程中存在的问题，根据 ABC 集团基于 RPA 的 FSSC 总账管理优化整体框架，主要从原始单据的影像采集、自动识别、分类、分等级，以及将合理、合法、合规性的原始单据自动录入总账管理系统等关键节点进行优化与改进。ABC 集团基于 RPA 的财务共享服务中心总账管理的优化与改进流程如图 4-4 所示。

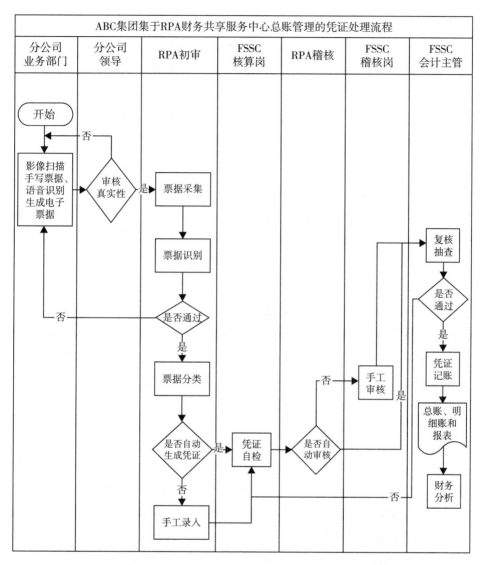

图4-4 ABC集团基于RPA的FSSC总账管理的优化与改进流程

1. 原始单据实现影像数据传输、采集，RPA进行数据的识别与分类工作

原始单据主要由手工票据和电子票据组成。分公司各业务部门先对各个业务产生的手工纸质原始票据进行归类整理，然后通过影像扫描技术将原始票据转换为影像资料存储到数据库。电子发票主要由互联网各操作平台生成。分公司各业务部门通过大数据技术及云平台采集去哪儿网、天猫网等与

分公司相关的电子票据信息。业务人员在分公司票据服务平台手工录入票据，或者通过语音识别技术自动生成票据信息。这样，电子票据信息就直接被存储在数据库中，从而完成对票据的采集。数据库中的票据信息通过企业ERP系统交由分公司领导查询并进行初审。分公司领导主要审核票据的真实性，审核通过后自动递交给RPA初审岗。RPA初审岗主要负责应用大数据技术、图像识别技术对票据进行识别与分类。RPA初审岗的票据识别工作是对大量表格化的原始单据进行扫描，对原始单据中关键的字符、会计业务、印鉴等特征信息进行识别。RPA技术通过与大数据技术的结合，能够从大量、无序且繁杂的原始单据中抽取有价值的信息，轻松实现纸质票据的智能识别，可以帮ABC集团鉴定大量纸质票据、单证和表格的真伪，与原始交接单进行比对，自动完成FSSC初审岗的工作。

RPA初审岗的票据分类工作主要是对识别出的原始单据中的会计业务依据会计科目进行分类，将采集到的原始单据中会计业务的摘要信息进行图像识别，将其自动进行分类并存储于数据库中，自动提示FSSC核算岗财务人员是否进行自动记账操作。若FSSC核算岗财务人员抽查未发现疑点，则RPA将接受FSSC核算岗财务人员的反馈并自动录入凭证；否则，FSSC核算岗财务人员进行检查，并手工录入凭证。

2.RPA自动录入凭证

在原始单据数据采集结束后，相应的会计人员可通过图像识别技术提取出关键信息。之后，RPA将根据表格形式的凭证表，将原始单据的摘要、金额、单价、供应商、商品名称、产品规格型号等相关信息自动录入凭证，快速生成大量的记账凭证。如若需要FSSC核算岗财务人员手工录入凭证，也可以通过语音识别功能、重复输入记录功能辅助财务人员快速录入凭证。

3.RPA自动审核凭证

生成的记账凭证自动提交到RPA稽核岗。RPA稽核岗进行再一次的分类识别，此时RPA进行分类的内容主要是对往来公司的信用进行等级化分类。RPA通过大数据技术，抽取历年与ABC集团有往来关系的公司，综合其营运情况、资产负债情况、银行信誉等级、行业排名，以及与ABC集团合作供应情况、支付价款及还款情况等进行信用等级评分。对于信用等级高的公司，RPA 优先进行自动化审核；对于信用等级低的公司，RPA 自动提示 FSSC 会计稽核岗财务人员进行手工审核。RPA 提供相应的公司信息，使审核高效完成。

随着信息技术、大数据技术、云会计、区块链、人工智能的发展，机器代替财务人员进行单一化工作已经成为现实，越来越多的企业更希望通过 RPA 来代替传统的业务流程。在人力、财力、物力和技术有限的今天，可通过 RPA 更加高效、迅速地完成人工流程中重复、繁杂的工作，将财务人员从低价值的工作中解脱出来，使其更加专注于附加值更高的工作，从而达到降低企业财务工作人员工作量、更加合理地配置企业人力资源、减少财务人员在财务工作中的失误的目的。通过分析基于 RPA 财务共享服务中心总账管理的优化过程，期待能进一步提高 ABC 集团的总账管理水平。

第二节　基于 RPA 的财务共享服务中心应付应收管理

一、基于 RPA 的财务共享服务中心应付账款流程优化

（一）采购管理：优化与供应商之间的交互

采购管理是整个财务流程的前端。基于业财一体化和管理前移的理念，目前很多企业将部分采购业务通过设立 FSSC 供应商门户的方式来进行集中处理。很多企业集团实行以产地直接采购为主、批发商统一采购为辅的模式，因此在处理各分公司业务部门发出的经过审批后的采购申请时，往往会涉及数量庞大的供应商选择、产品品牌、成本价格等因素。这些集团虽然在交易发生之前建立了相应的供应商主数据，并实现了与 ERP 的对接，但在面对供应商数量快速增加、采购产品型号高频更新、产品价格大幅度波动的情况时，需要人工新建和修改供应商主数据。针对这些问题，基于 RPA 的供应商主数据管理可以在采购管理系统中模拟人的手工信息录入操作，通过预先编写的基于 PDF 文档、Excel 表格等不同格式文件对应的爬虫程序，自动采集经过招标、谈判等方式确定的供应商提供的一般数据、采购数据及公

司代码数据，采集完成后会立刻触发编码指令，其根据字段状态代码表的规则为所有供应商主数据相关的信息交互和集成提供唯一的编号数据，实现供应商基本信息、产品目录及价格的实时维护。与此同时，在已建立的主数据基础上，FSSC供应商门户还能够通过采购单分解项目指标，依靠预先设置的关联规则算法对供应商进行自动测算，若测算结果出现异常状况，机器人会识别出供应商的异常信息，如伪造资质认证、虚假业绩数据等，随后发出预警并自动将不符合的供应商筛选出来，以方便为集团提供最优的供应商。

当采购的产品从最优供应商处发货并抵达企业各分公司后，业务部仓储人员根据采购订单的产品要求对货物进行验收入库。随后，FSSC供应商门户便可通知供应商发布可开票的对账信息。采购对账作为整个采购管理的最后一环，在对应流程运行中会产生大量的明细信息，对其处理的质量及效率直接影响到后续结算风险的高低及应付账期的长短。假如某集团约定每月9日、20日为对账日期，在每月的对账日期由FSSC和供应商进行网上电子对账。供应商提供的电子对账单列明对账周期中所有的采购明细及应付款金额。在收到对账明细这一输入信息后，FSSC的RPA对账外挂程序便会自行启动。机器人通过内置的Case、Iif等逻辑判断函数，对照相应手续齐全的订单、入库单、退货明细相关数据逐一核对账期内供货的品种编号、产品名称、规格、数量、单价、金额等，如有差异，则会立即显示不匹配的项目并通过即时通信服务窗口通知业务部和供应商进行自查以及重新提供对账信息。基于RPA的对账程序会依此不断循环运行，直到各项目完全匹配后结束工作。供应商在确认对账无误后便可开具出正式的发票。

综上，与传统的财务共享模式下采购管理的流程相比，RPA主要在供应商主数据管理及采购对账两个步骤上发挥其功效（见表4-1）。首先，在主数据管理方面，RPA技术的嵌入可以通过脚本语言对信息的自动及时更新取代原先依靠大量人力来手工维护主数据，提高了流程效率和数据质量，并且基于优质主数据所构建的供应商智能评价体系还能为集团各采购业务选择最优供应商提供全面和科学的依据。其次，在对账环节中，基于RPA的对账模式能够大幅度减少过往手工逐项核对可能导致的易错性和时间成本，降低了后续应付款的结算风险。由此，借助RPA可以帮助FSSC在采购管理中消除原先手工作业断点所引起的各流程步骤之间的等待和停机间隔，简化了供应商和企业的交互过程，进而实现了整个采购流程的自动化。

表4-1 FSSC采购管理的RPA应用流程描述

流程步骤		责任部门/岗位	输入方	触发/输入	输出	经验/规则工具	操作描述
编号	名称						
01	供应商主数据自动管理	FSSC供应商门户	供应商	主数据维护需求	更新后的主数据、供应商评分	基于不同格式文件的数据采集脚本、关联规则算法	采购信息实时自动新建和修改、自动测算供应商评分
02	采购自动对账	FSSC供应商门户	供应商	供应商对账明细	可开票的对账汇总	逻辑判断函数	自动进行对账单各项目数据的一致性判断并反馈结果

（二）发票管理自动化：实现跨系统的去人工发票自动处理

发票管理作为PTP流程体系的中间流程，也是整个FSSC应付组工作量最大的环节。FSSC初审岗首先需要接收各地供应商提供的各类型发票。对于纸质发票，则需通过高速扫描仪进行集中或分布式的扫描，使其转化为电子影像，扫描完成后，便可根据影像资料进行应付业务数据的批量采集。在采集过程中，RPA可以将部署发布在识别平台上，表现为利用外接的OCR光学字符识别以及图像纠偏、图像分色、图像方向检测等处理手段所组成的SDK，基于预定义的增值税专用发票、普通发票的通用模板配置规则，快速、准确地定位发票的页眉、页脚和行项目数据，将发票影像中的账号、单位名称、开票日期、金额和密文区字符等关键信息抽取出来，并由机器人将抽取的信息按对应栏目自动导入至ERP中。

经过扫描识别的发票影像资料会即时上传至影像管理系统并交由 FSSC 稽核岗进行后续的发票核对查验。查验时，FSSC 稽核岗首先需要对识别出的发票数据按照发票规则进行校对。在 RPA 场景下，机器人会根据预置的发票代码、号码、开票日期、金额等票面信息的基本数字格式和钩稽关系进行自动逐项检查，如若识别出来的数据未能通过发票规则校验，则会对不正确的数据标红显示，并将异常结果反馈给 FSSC 初审岗，由初审岗对异常发票重新进行扫描识别；如若通过发票规则校验，则会进入发票的真伪查验环节。RPA 机器人基于用户界面自动登录底账系统，批量导出供应商开具给各分公司的所有发票数据，将底账中的数据与实际收到的发票通过识别后的主键信息（如发票代码）建立起关联，随后机器人自动登录税务局网站的验证平台，模拟人工填入必要的查询字段获取查验结果并保存，对于其中的异常信息会立即通知供应商进行后续处理。

在一系列发票校验工作完成后，结合 ERP 中的采购信息，FSSC 稽核岗需要将发票数据进一步与入库单信息、订单信息进行三单匹配。根据内置逻辑判断函数，RPA 自动匹配订单上的价格与发票上的单价、入库单上的数量与发票上的数量等信息，若出现问题，则会基于预先设定的各不一致情况的异常处理程序，将结果反馈给供应商及供应商门户，以重新进行对账确认和修改。对于三单匹配成功的发票，如属于增值税专用发票这一类型，通常还需要在 FSSC 一个点集中完成进项税的认证抵扣工作。此时，RPA 可以通过各地税务认证接口模拟人工操作登录增值税发票选择确认平台，按照税款所属期下载发票批量勾选文件，并在后台自动将先前发票清单与批量勾选文件进行匹配，匹配上的发票会自动标记为勾选并上传至发票选择确认平台。

综上，财务共享模式下发票管理的 RPA 应用流程描述如表 4-2 所示。通过表格不难发现，在对应各流程步骤中，RPA 均有着明显的增益效果。首先，在发票识别环节，RPA 可以有效整合利用 OCR 及图像辅助处理功能，通过外接的方式允许系统支持多线程的 OCR 识别，使得 OCR 可以做到和高速扫描速度基本同步，并且实现了识别与扫描模块的异步处理，由此显著提升了原先人工逐一处理的效率及准确性。其次，在发票核查及认证抵扣过程中，基于预置的逻辑判断规则可以实现大量发票自动过账，仅有少量发票需要进行手动异常处理，同时，RPA 能够根据业务情况精准地模拟对应的手工登录、输入、确认等操作步骤，从而大幅度减少了人工干预和处理量，并降低了由手工数据比对错误、手工操作失误而可能产生的相关风险与成本。除此之外，发票处理过程中的有关流程数据均会被机器人实时自动记录、监控，便于 FSSC 查询发票状态、历史信息，避免了来自供应商的关注和跟踪，以及大量状态询问和投诉的高成本支出。

表4-2　FSSC发票管理的RPA应用流程描述

流程步骤		责任部门/岗位	输入方	触发/输入	输出	经验/规则工具	操作描述
编号	名称						
01	发票自动识别	FSSC 初审岗	FSSC 初审岗	扫描后的发票完整电子影像	账户、名称、日期、金额等关键信息	预定义的发票模板配置、SDK	自动从影像中抽取出发票各栏目的关键信息，并导入 ERP
02	发票自动核查	FSSC 稽核岗	FSSC 初审岗	账户、名称、日期、金额等关键信息	查验结果、异常处理	发票票面规则、网上查验手工操作	核对发票信息是否符合票面规则，模拟要工操作完成网上发票真伪查验工作
03	自动三单匹配	FSSC 稽核岗	FSSC 稽核岗	订单、入库单、发票信息	匹配结果、异常处理	逻辑判断函数	对订单、入库单、发票有关数据信息进行自动校验，并反馈结果
04	VAT集中认证抵扣	FSSC 稽核岗	FSSC 稽核岗	增值税专用发票	进项税抵扣	网上认证抵扣手工操作	模拟人工操作完成网上增值税专用发票的进项税抵扣工作

（三）支付管理自动化：降低人工核算、结算的差错风险

应付账款的支付管理是整个 PTP 流程体系的末端，其中涉及大量的核算与结算环节。在发票管理流程结束后，需由 FSSC 核算岗根据匹配、校验

后的供应商发票等单据信息进行相应的会计核算。在处理财务信息时，RPA能够依据会计准则，通过分析单据上数据之间的逻辑关系自动编写出整个应付账款流程从采购开始的所有会计分录，根据应付贷方余额合计数与预付贷方余额合计数计算本期应付账款总和并在报表上进行填列。与此同时，机器人根据账务处理信息，自动同步生成各电子记账凭证。对于其中的应付款凭证，则交由 FSSC 结算岗集中办理各分公司与供应商之间的资金结算。

在办理资金结算时，FSSC 结算岗会发起资金支付申请。在申请准备阶段，FSSC 结算岗需要对供应商所有发票上注明的信用条件先进行整理。信用条件内容通常包括现金折扣及应付期限两部分。延期付款不仅会直接影响到集团对于发票现金折扣的获取，而且会降低集团的商业信用。某集团 FSSC 由于手工需要处理的应付款笔数庞大，目前规定申请人员每周统一提交付款申请，为此经常错过信用期最后时间点，而 RPA 机器人 7×24 小时工作的特点可以帮助 FSSC 结算岗不间断地采集、整理发票上的信用信息，根据时间的先后完成排序并模拟人工操作在系统内按序提交付款申请，随后在指令池中，系统会自动生成对应的支付指令。指令会发给 FSSC 稽核岗，稽核人员对发票和账务凭证上的数据信息与付款账户、付款金额的一致性进行逐项审核，审核通过后发送至集团财务总部进行在线审批。经过双重审查后，FSSC 结算岗集中审查通过的付款指令，按序发给供应商资金。在缺少银企直联的情况下，可利用 RPA 机器人从付款指令中自动提取支付时所需要填列的付款信息来替代人工录入，以此完成实际付款操作。供应商收到应付账款后会向 FSSC 反馈收款确认信息。FSSC 核算岗据此集中所有已完成资金支付的业务，在系统中自动生成电子支付凭证。在最后环节，由 FSSC 核算岗、结算岗将所有的票据、凭证的影像资料及流程数据提交给 FSSC 归档岗，其通过自动化辅助支持完成电子会计档案的分册、装箱及入库工作。

综上，FSSC 支付管理的 RPA 应用流程描述如表 4-3 所示。在核算流程方面，虽然现有的会计核算系统已经普遍应用于 FSSC，但大多仅实现了会计核算工作后半程的自动化，原始数据的收集和会计分录的编写仍然需要人工来进行处理，而这两个环节的工作直接决定了会计报告的正确性和及时性。采用 RPA 处理财务信息则能在保证会计核算工作质量的前提下，进一步简化人工核算手续，节约人力和物力，从而降低会计信息成本并提高会计核算的工作效率。在结算流程方面，基于 RPA 的付款申请和资金支付，可以帮助结算组实现应付账款资金期限的实时化和动态化管控，以及批量支付时的便捷性和安全性，从而提高资金支付效率，降低资金结算时的成本与风险。

表4-3　FSSC支付管理的RPA应用流程描述

流程步骤		责任部门/岗位	输入方	触发/输入	输出	经验/规则工具	操作描述
编号	名称						
01	自动账务处理	FSSC核算岗	FSSC稽核岗	供应商发票等单据信息	会计分录、电子记账凭证	会计准则	自动完成从采购开始各流程的账务处理并生成记账凭证
02	付款申请自动整理	FSSC结算岗	FSSC核算岗	发票信用条件	按序的付款指令	信用期限先后顺序、付款申请手工操作	对发票信用期限进行排序并模拟人工操作按序实时提交付款申请
03	资金自动支付	FSSC结算岗	FSSC结算岗	按序的付款指令	供应商收款确认、电子支付凭证	网银付款手工操作	模拟手工操作采集付款信息并完成资金的批量支付

二、基于 RPA 的财务共享服务中心应收账款管理优化

针对财务共享服务中心应收账款管理的优化，需先对其流程进行规范化、标准化处理，以便进一步利用 RPA 对可行性环节进行流程优化。财务共享服务中心应收账款管理的优化，需要创立一个应收共享方案，建立客户管理→开票→核销→应收账款管理的完整闭环。完整且规范化的流程可为 RPA 自动化处理建立基础环境，并且更有利于财务共享服务中心跨系统管理，实现在财务共享服务中心对关键控制点的集中管控，因此必须对财务共享服务中心和本地业务财务涉及的客户管理系统、合同管理系统、订单结算管理系统与应收账款管理系统的处理流程梳理清晰，如图 4-5 所示。

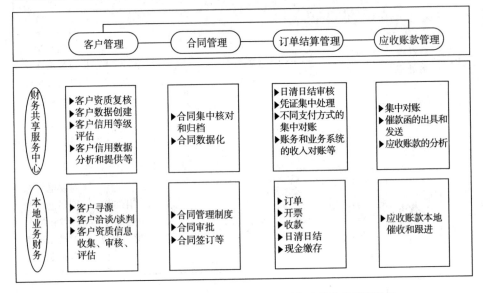

图 4-5　财务共享服务中心与本地业务财务应收账款管理流程

（一）通过财务共享服务中心建立客户信用体系，实时监控收款风险

企业应收账款管理的目的有两个：首先是最大限度地销售产品，达到销售额的最大化；其次是最大限度地控制风险，将呆账、坏账控制在最低限度。若企业针对客户的经营数据、账龄还款数据、违法与合规等信息建立客户信用体系进行事前评价，则可对收款风险进行有效监控。在 RPA 技术

的支持下，机器人通过后台在CRM系统中获得客户信息并对客户名称、税号、银行账号、开户行等数据进行统一化管理。在已建立的主数据基础上，FSSC的CRM系统还能够依据企业的账期管理分解项目指标，依靠预先设置的关联规则算法对客户自动进行测算。若测算结果出现异常状况，机器人会识别出客户的异常信息，如负债率过高、企业账期过长、虚假业绩数据等，随后发出预警并自动将不符合的客户筛选出来，以提醒公司谨慎选择与此类客户进行合作。同时，对每个客户的债款偿还能力进行分析，以便设置每个客户的付款期，实现自动和人工催收管理，最终达到企业应收账款管理的收款时效最优化、坏账风险可控化的目的，具体内容如表4-4所示。

表4-4　FSSC客户信用管理的RPA应用流程描述

流程步骤		责任部门/岗位	输入方	触发/输入	输出	经验/规则工具	操作描述
编号	名称						
01	客户数据自动管理	CRM系统	相关业务部	主数据维护需求	新建/更新客户主数据、客户端信用评分	基于不同格式文件的数据采集脚本、关联规则算法	客户账龄信息实时自动新建和修改，自动测算客户评分

（二）跨系统数据自动采集，实现自动开票

企业应收账款流程起源于业务部的合同签订。签订合同之前由财务共享服务中心的CRM系统（客户关系管理）收集采购信息，并对前期已有客户数据的信用管理中心进行账龄分析和信用审核，决定是否接受订单。CRM系统着重维护信息完整，针对客户数据的新建、更新与注销，售出商品数据的价格与折扣，以及部分客户对个别发票和结算的特殊要求（如合并付款、分开发票等）进行信息存储与分析。在RPA技术的支持下，机器人可在后台同步更新并直接提取CRM系统信息，不再需要财务人员进入CRM系统手动提取。合同中含有订单信息与客户税务信息等重要数据。当市场人员提

供合同订单后，系统通过影像扫描、识别的方法来记录其中的关键信息，将合同信息数据化，通过发布任务从 SAP 等 ERP 系统中导出待开票数据至平台接口服务，实现跨系统数据的自动开票。在开票过程中，开票系统实现合并拆分功能，进行按销售套开票、折扣处理、作废、冲红处理以及发票号码回写等基本开票项目；业务部对已有信息进行真实性确认，确认后将已生成的增值税发票传送至初审岗系统来进行对账审核；初审岗再次匹配 CRM 系统，与合同管理系统中的相关数据进行对账，对账确认后交由领导审批；总账岗复核，最终自动生成发票凭证，具体内容如表 4-5 所示。

表4-5　FSSC跨系统自动开票的RPA应用流程描述

流程步骤		责任部门/岗位	输入方	触发/输入	输出	经验/规则工具	操作描述
编号	名称						
01	合同自动数据化	FSSC合同管理系统	相关业务部	合同信息	合同主要数据	影像扫描、识别	提取合同中的商品数据、客户信息
02	自动开票	FSSC出纳岗	FSSC出纳岗	客户合同信息	发票信息	关联函数提取、匹配	自动提取客户信息与订单信息，开具发票

（三）采用影像管理技术，智能采集、传输数据后自动对账

影像管理系统通过控制不同的高速扫描仪对各种原始凭证、发票、报账单、合同等会计资料进行影像扫描、图像处理、条码识别、发票 OCR 识别等。当 FSSC 出纳岗收到账款后，将收款回单交至 FSSC 初审岗进行影像扫描。无论对方采取现金、汇款或支票等何种付款方式，其电子回单或纸质回单都统一采用 ORC 扫描自动识别回单数据并将数据导入系统，下沉至数据库。初审扫描通过后自动匹配收款电子回单数据和前期的发票数据，机器人根据内置的逻辑判断函数自动匹配付款客户名称、付款客户账户与已开发

票、金额，若出现异常，则会基于预先设定的各种不一致情况的异常处理程序将结果反馈给业务部门进行确认；如通过匹配，则送至总账核算岗进行凭证生成，最后发送至 FSSC 复核岗生成凭证，实现自动核销，具体内容如表4-6 所示。

表4-6 FSSC自动对账的RPA应用流程描述

流程步骤		责任部门/岗位	输入方	触发/输入	输出	经验/规则工具	操作描述
编号	名称						
01	收款回单自动识别	FSSC初审岗	FSSC初审岗	扫描后的回单完整电子影像	账户、名称、日期、金额等关键信息	预定义的回单模板	自动从影像中抽取出收款回单各栏目的关键信息，并导入 ERP 系统
02	回单自动核查	FSSC初审岗	FSSC初审岗	账户、名称、日期、金额等关键信息	查验结果、异常处理	回单票面规则	核对回单信息是否符合票面规则，回单真伪查验
03	自动匹配	FSSC初审岗	FSSC初审岗	发票、回单信息	匹配结果、异常处理	逻辑判断函数	对发票与回单有关数据信息进行自动校验，并反馈结果
04	凭证自动生成	FSSC总账核算岗	FSSC总账核算岗	客户名称、发票收款信息	凭证生成	会计准则	模拟手工操作完成网上增值税专用发票的进项税抵扣工作

第三节　基于区块链技术的费用报销业务

在 2018 年博鳌亚洲论坛"数字经济"分论坛以及"再谈区块链"分论坛中，区块链技术引起相关领域专家的高度关注。一时间，区块链的发展成为世人瞩目的焦点，各个国家都希望抓住机遇，利用区块链创造更大价值。区块链技术的发展经历了区块链 1.0（数字货币领域）、区块链 2.0（以太坊和超级账本）和区块链 3.0（全球性的分布式记账系统）三个阶段。作为一项新兴技术，区块链具有去中心化、共识机制、智能合约、防伪溯源等特征，有望给法律、医疗和保险等行业带来巨大的变革，而会计和审计很可能是受影响最多的行业之一。近年来，我国众多企业集团纷纷建立了财务共享服务中心，加强对企业财务进行集中化管理，旨在利用标准化流程和规模效应达到降低企业运营成本、提高企业管理效率的目标。因此，在当前国家战略发展规划背景下，有必要将区块链技术与财务共享服务相结合，最大限度地简化业务处理流程，在降低业务处理成本的同时提升实施效率，进而增强企业的核心竞争力。本节将以财务共享服务中心的费用报销业务为例，探讨区块链技术对其的影响。

一、基于区块链技术的财务共享服务中心费用报销业务优化

基于财务共享服务中心费用报销业务的发展现状，考虑到区块链技术的去中心化、共识机制、智能合约、防伪溯源等特征，可以利用区块链技术的特征对费用报销业务进行优化改进，具体过程如图 4-6 所示。

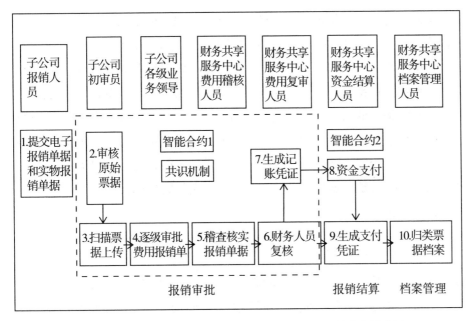

图 4-6　基于区块链技术的财务共享服务中心费用报销业务模式图

（一）数字签名身份架构

在企业内部，各个部门之间利用区块链技术进行数据的快速交互，而企业与银行、消费单位之间进行数据的共享，从而达到快速记账、快速审核的目的。此时，各个主体之间的交互行为需要各个主体之间互相信任，且协同一致，数字签名身份架构便应运而生。在费用报销流程设计中，大量的费用报销基础数据在企业内部和企业外部相关单位流转。数据"被信任"的关键是以个人的数字签名身份为载体上传或者调取数据，利用 Web 端、手机端等前端应用上传能证明自己身份的相关纸质文件信息，内部私有链各个数据流程链中的部门负责人的身份 ID，外部联盟链银行、消费单位等的身份证明。相关的证明文件上传到相关的系统中进行验证，并在企业数据库中形成相应的身份证明数据库，为将来业务发生时数据的自动审核通过做"信任"基础数据库。

（二）共识机制简化审核流程

财务共享服务中心目前采用的仍是集中记账模式，不同层级之间的审批权限不同。对于费用报销业务，员工提交需要报销的单据之后，需要经过逐级的审批才可完成报销。不同层级进行审核是为了确保信息的真实、准确。将区块链技术嵌入费用报销业务中，报销人员将报销单据上传至财务共享服务中心费用报销系统，此信息便会被记录到区块链上。分布式账本的特征使得记录到链条上的信息在全网进行广播，共识机制实现对广播信息的全网验证，因此信息的准确性得到保证。这样的处理方式可以极大地减少费用报销业务中的审核步骤，降低出错率；同时，借助智能合约为单据审核编制相应的代码，实现报销单据的自动验证与审核，用特定代码代替人工审核，简化了报销审核流程。

（三）分布式账本促进信息共享

将区块链技术融入财务共享服务，各个信息系统之间可以实现自动响应，不再需要端口连接，实现不同信息系统间的集成，便于进行信息共享。在分布式记账功能下，不再存在中心机构，每个节点拥有平等的权限，节点之间不需要授权便能相互联系，完全依靠共识机制来实现互联。链条上所有信息公开透明地呈现给"密钥"持有人，各个节点相互独立，信息以点对点的方式进行交互，数据信息实现全面共享，从而解决了信息孤岛问题，而且由于链上的信息公开透明，各个环节的财务人员都可以了解到全部的信息，在进行不同业务处理时，能够有效避免信息不对称的情况。

（四）智能合约实现自动响应

智能合约是一项计算机程序，它能够自动执行合约代码，即需要进行处理的信息在满足预先设定好的条件时，会触发预先制订的相应规则，从而完成指定动作。分布式账本功能使得数据信息能够多方位存储。区块链特性为智能合约提供了切实可行的记录载体和执行环境。在费用报销业务流程中，财务共享服务中心与银行之间的智能合约可以保证及时完成报销支付。对于通过审核的报销申请，财务共享服务中心会向银行发出支付指令，银行与财务共享服务中心之间的智能合约程序会对指令进行识别，如果满足费用报销条件，则会立即触发支付动作，将资金汇入员工账户，并进行相应记录。区块链智能合约自动审核流程如图4-7所示。

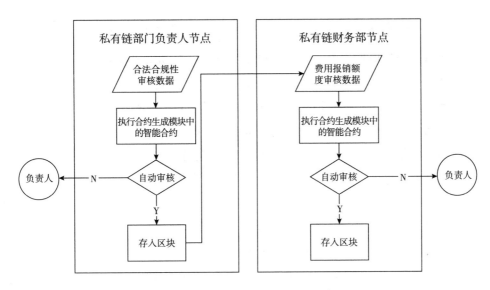

图4-7　区块链智能合约自动审核流程

（五）时间戳提高信息安全性

在财务共享服务中心费用报销业务流程中，由于报销单据以电子化形式在信息系统中传播和处理，所以信息风险与传统报销方式相比大大提高。在时间戳技术下，每条信息经过验证之后都会盖上自己独特的"印章"，并且前一个区块的哈希值附在此区块上，每个区块按照时间序列形成单向不可逆的链条。链条上的节点都会进行数据信息的备份，区块链各个节点相互独立，各节点受到攻击都不会影响到信息的完整性，避免了系统瘫痪或被攻击给电子化数据信息带来的风险。另外，区块链技术中的哈希算法可以验证数据是否被篡改，如果强行进行篡改，就会与链条上其他节点的备份数据不符，所以要想篡改整个链条上的数据信息几乎是不可能的，使信息安全性得到保证。

二、基于区块链技术的费用报销业务大会计应用

基于区块链技术的费用报销业务大会计，在深度融合了财务会计、管理会计及会计信息化的同时，利用区块链技术为企业的战略管理决策提供真实可靠的会计信息。

（一）区块链技术实时监督财务会计核算数据真实有效

在财务会计应用方面，大会计模型不仅可以自动生成业务资金运动全流程的会计分录，而且可以使用借贷关系矩阵对经济业务的发生额进行分析，通过大会计模型可对各个活动进行相关的会计核算。在费用报销大会计财务应用方面，每笔费用报销业务自动生成会计分录的同时，无法保证费用报销业务的真实性和唯一性，仍然可能存在重复报销、虚假报销等情况。目前，企业共享的信息资源大多来自一个中心平台，费用报销审核模式也是各个部门之间进行层层递进式的传递审核。在费用报销业务繁多的情况下，会计人员工作量繁重、低效，且每个会计业务处理节点缺乏相互信任的通信方式，造成信息沟通不及时有效，从而容易形成"信息孤岛"现象。基于区块链技术的费用报销大会计极好地解决了以上问题。费用报销大会计模型在自动记账的同时，利用区块链数字签名身份 ID，结合分布式账本技术，只存储通过验证且交易真实的费用报销信息。一旦形成区块，信息便不可被篡改，有效避免了重复报销、重复入账的行为，有效确保财务会计费用报销核算信息真实可靠。区块链智能合约技术的应用，自动审核费用报销业务；共识机制能有效保证各个节点的审核结果一致性，从而将会计人员从繁杂、重复的报销工作中解脱出来，打破各个节点的"信息孤岛"现象；同时，加密算法等区块链技术可保证整个报销流程的数据信息的安全性。

（二）区块链技术为费用报销业务管理会计应用提供服务

在管理会计应用方面，费用报销大会计能够更加直观地呈现业务流、资金流和信息流的信息，能够根据费用报销业务产生的业务数据信息和相关的财务信息生成多维度表，并进行多维度财务分析；可以建立时间、员工信息、项目信息、部门信息、消费单位等维度表，通过各个维度表之间的内在联系，进行部门费用预算、费用报销预警以及员工报销行为分析等数据分析，为企业管理会计提供更加有力的支持。在企业管理会计预决策中，区块链的去中心化、信息可追溯等特征，为企业的管理会计预决策提供更真实、安全、有效的数据；数字签名身份 ID 保证操作人员的身份真实；"私钥"和"公钥"的管理、加密算法确保各节点之间信息传递安全有效；分布式账本确保数据信息可追溯但不可篡改。各个部门负责人在自己的权限范围内，可根据不同的数据分析需求，通过数字签名身份 ID 调取本部门和其他部门的数据进行相关的预决算大数据分析。通过区块链技术对数据安全有效性的保障，企业能更真实地了解各部门的费用报销情况，发现异常费用报销项目实时预警，还能够进行员工、项目及部门的费用报销行为分析，从而真正了解、掌握企业成本费用的去向，更有针对性地制订费用预决算方案，更加公正、客观地对员工进行绩效评价和信用评价，为企业各部门管理运营做出贡献。

（三）区块链技术为综合战略管理决策提供支持

费用报销业务大会计有机融合了费用报销业务与财务信息。在财务会计核算层面，区块链利用分布式存储、公共账本及加密算法等技术，保证费用报销信息的真实可靠；在管理会计层面，区块链利用共识机制保证区块链节点审核信息的一致性，利用智能合约技术实现自动化审核，降低容错率，从而实现实时费用报销预警、报销预算编制、细化报销流程。综合管理战略层面是一个宏观系统的应用，通过对报表进行分析、对员工进行绩效和信用评价、对费用报销业务链上数据的分析来影响产品定价趋势，是企业费用报销业务流、资金流和信息流的融合。

区块链技术面向不同的费用报销业务，每一个业务在区块链中形成区块，业务信息在各个区块节点中流转，企业内部部门进行审核的结果都会向其他节点进行广播，税务机构可以通过区块链核实消费单位的开票信息，最终出纳向报销人员付款。在区块链上，在业务流、资金流和信息流有机融合的同时，企业高管根据自己的权限设置，能够实时查看费用报销情况，实时接收费用报销预警，及时加强企业内部管理风险防范，提高日常管理工作效率，及时调整报销额度和资源配置比例，最终区块链技术将有效服务于企业的经营决策。

三、区块链技术影响下财务共享服务未来的发展趋势

（一）去中心化与集中化将深度融合

区块链技术在费用报销中的应用说明将其与财务共享服务结合具有一定的可行性。财务共享服务具有集中化功能，而区块链技术拥有去中心化的特征，两者看似相互矛盾，实则并不对立，可以实现两者的融合。财务共享服务的集中化处理是在财务共享服务中心业务终端对财务数据进行处理，区块链技术的去中心化可以应用在业务终端之前，相关的数据信息记录到区块链上，分布式账本功能使得区块链上的数据信息进行公开广播，经过其他共同参与方的确认、同意后盖戳保存。将区块链技术的去中心化与财务共享服务的集中化功能相结合，区块链技术不可篡改、密码学原理的特点保证了业务终端信息的真实性。

（二）人员组织机构及内控持续优化

财务共享服务的实施需要从子公司调用财务人员。子公司财务人员的减少可能会增加沟通成本，甚至导致子公司业务支撑能力不足，内部控制在企业中难以发挥作用，从而带来一定的潜在风险。财务共享服务中心的大多数员工从事单一、重复性的工作，不但增加了人力成本，还影响了员工的工作积极性。区块链技术的自动化程度很高，借助智能合约不但能够实现系统间的响应，还可以完成信息数据的自动检验和审核，如此一来，便能将一部分员工从低价值的工作中解放出来，使他们从事更高价值的工作，进而优化人员组织结构，调整和优化集团与各子公司的财务管控关系。财务共享的实质是兼顾核算基础、强化内部管控能力、加强外部多元化方向的拓展，而区块链技术与财务共享服务的融合有利于人员组织机构及内控的持续优化。

（三）供应链管理绩效水平得到提升

供应链的管理会对公司的绩效产生重要影响。在区块链技术的支持下，可以借助区块链的联盟链将供应商和客户纳入财务共享服务，构成一个相对独立又彼此联系的链条，形成基于联盟链的财务共享服务。在此模式之下，

三方的数据信息可以随时随地共享，在一定程度上降低信息不对称产生的风险，从而降低运营成本，提升供应链管理绩效水平。同时，企业间的资金结算可通过智能合约自动完成，提高了资金管理效率。对于各子公司之间的商业机密问题，可以在集团子公司之间使用私有链，只有持有密钥的人才可以查看相关数据信息，这样在提高管理绩效水平的同时，也加强了信息的保密性。

（四）财务数据传输和处理不断加速

伴随着 5G 技术的出现，5G 技术与区块链在业财一体化的进程中能够发挥巨大作用。对业务数据和财务信息的处理是同步进行的，这就对数据的处理效率有较高的要求。集团各公司的业务数据汇总到财务共享服务中心，在区块链上进行记录，各公司通过 5G 技术可以实现全方位数据的实时上传，并且可以通过自己的权限查看费用报销进度等数据信息，形成真正意义上的信息实时共享。在财务方面，将物联网、人工智能、区块链技术及移动互联网技术与财务共享服务相结合，而且财务共享服务在未来将会拥有更大的发展空间。将区块链技术与财务共享服务相结合，利用区块链技术的特征完善费用报销业务流程，将进一步提高财务共享服务中心的业务处理能力，完善财务共享服务中心的业务处理流程。利用区块链技术共识机制及分布式账本的特征，减少业务处理中的审核步骤，在保证工作效率的同时大大降低了运营成本；区块链技术具有的时间戳机制及哈希数值增强了信息的安全性；智能化合约保证了信息系统间实现自动响应，从而保证了报销结算的及时性。在未来，财务共享服务中心在区块链技术的支持下，将在人员组织结构以及内控、供应链管理、财务数据传输与处理等方面有较大的发展空间。目前，对于区块链技术在财务共享服务领域中的应用还处于初步探索阶段，要实现两者完美的结合，还需要做进一步的研究与完善。

第四节　可视可控的资金管理

一、大数据时代财务共享服务中心的资金管理框架

结合大数据技术和财务共享服务中心资金管理的特点，本节构建了大数据下基于财务共享服务模式的资金管理框架，如图4-8所示。

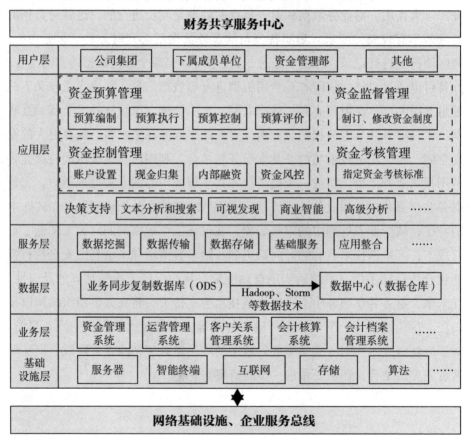

图4-8　大数据下基于财务共享服务模式的资金管理框架

财务共享服务中心云平台有用户层、应用层、服务层、数据层、业务层和基础设施层六个层级。企业各个部门、人员通过用户层的权限鉴别进入云

平台，主要在应用层参与资金管理。服务层、数据层、业务层和基础设施层都为应用层提供技术帮助。首先，基础设施层营造了一个稳定、高效处理海量数据的硬件环境；其次，业务层内有与企业业务相匹配的全部信息化系统，这些系统包含海量的原始数据，这些数据进入数据层后先经过数据处理技术初步处理后到达数据仓库，再通过服务层进行进一步处理；最后，形成较完善的数据支持服务，服务层还提供数据传输、数据存储等保障数据安全的服务。下面从资金预算管理、资金控制管理、资金监督管理和资金考核管理四个方面进行详细阐述。

（一）资金预算管理

资金预算是在一定时期内（通常为一年或一年以内），归集和反映企业收入、支出的来源、数额和用途，代表企业资金活动的方向和内容。编制资金预算方案是提高资金管理水平、加强资金管理安全性、强化资金利用价值的重要控制工具。各成员单位把财务业务集中到财务共享服务中心，因此，财务共享服务中心的财务人员通过云平台根据各成员单位总经理秘书报送的工作计划书编制集团和各成员单位的资金预算方案，使得在预算管理出现问题时可将责任迅速精确到某笔业务或某个人。财务共享服务中心可采用收付实现制编制资金预算方案，在考虑一定概率的基础上尽可能在短时间内预测未来资金流量。大数据下的资金预算管理体系包括预算编制、预算执行、预算控制和预算评价等几个方面。企业的资金数据资源不限于用二维表结构进行逻辑表达，不仅包括流动资产、存货、固定资产等资金结构化数据，还包括 XML、HTML 文档等半结构化数据，以及图像文件、音频和视频等完全无结构化数据。这些资金数据资源为企业资金预算管理打下坚实的基础。资金预算管理流程具体如图 4-9 所示。

首先，资金预算方案需要集团资金管理部和集团、下属成员单位财务部在全集团经营目标和资金预算目标的基础上通过云平台反复调整、沟通、确认后完成编制。大数据时代，财务共享服务模式采用数据集中的预算编制能够更科学地运用企业的资金数据，如原材料供应商的选择，用 Clara、Birch 等聚类算法分析资金数据能取得集团、下属成员单位需要的全部原材料的种类和数量，然后凭借数据分析结果选择最合适的原材料供应商。其次，财务共享服务中心会采用人工智能技术识别预算数据和经营业务数据的不同，同时在设立示警阈值的情况下进行对比。例如，可设 5% 或者 10% 为示警阈值，当单项业务实际支出变动额的绝对值达到相应预算的 5% 时发生示警，那么示警阈值是 5%；当单项业务实际支出变动额的绝对值达到相应预算的

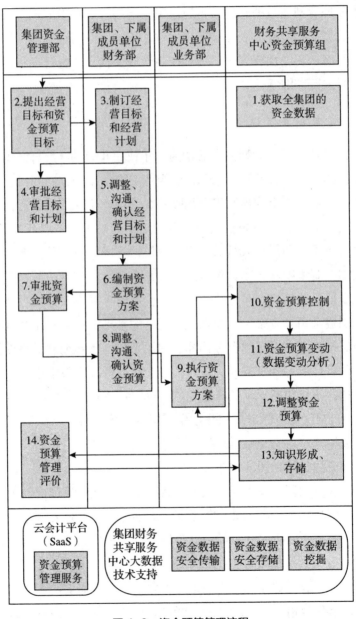

图 4-9　资金预算管理流程

10%时发生示警，那么示警阈值则是10%。财务共享服务中心云平台会采用人工智能技术处理、分析预算变动数据，找出预算变动原因和可能带来的后果。接着财务共享服务中心资金预算组可以适当调整资金预算，因为企业资金预算组监督管理的是对集团经营业绩影响较大的、预算控制难以实施的业务，而没有监管全部业务。最后，整个资金预算流程留下的历史数据会形成资金预算知识库来辅助人工智能的运行，也可以此进行资金预算管理评价。执行在发放预算资金这一步骤时，集团、下属成员单位业务部门能够得到拨付的相应资金，往后将产生海量的资金控制管理、资金监督管理和资金考核管理的相关数据。企业所有的由资金预算管理、资金控制管理、资金监督管理等流程产生的资金数据都要存入资金数据安全存储模块，之后资金知识库通过接受这些资金数据来形成相应的资金知识，并根据资金知识的特征进行分类，为最后的资金管理评价提供支持，同样，资金管理评价的内容也需要回到知识库。全部的这些资金数据和资金知识也为来年管理人员做出有效的决策给予帮助，至此一个循环系统就此生成。

（二）资金控制管理

资金控制管理是由除了资金管理部以外的财务共享服务中心财务部负责的，他们的日常业务需要业务单位本身进行资金控制部分的管理，需要参照企业资金制度的要求进行控制。资金控制管理包括账户设置、账户支付结算原则、现金归集、内部融资和资金风控等部分。账户是集团、下属成员单位和银行之间进行资金核算的基础，可以将账户分为对外账户和对内账户；账户支付结算原则有以收定支和超额定支两种；现金归集是指企业在财务共享服务中心设立现金池账户，按照云平台用户设置的现金归集规则将下属成员单位超过限额的现金自动划拨到现金池账户，同时调整下属成员单位结算账户的日常经营现金限额，这是在不改变现金所有权的条件下加强现金管理；内部融资是企业高管利用财务共享服务中心云平台把闲置资金在集团内部进行融资，闲置资金的来源包括集团和下属成员单位，但需要用财务共享服务中心云平台注意这笔资金对流出单位的影响和后续利用情况，而财务共享服务中心对全集团财务的把控和云平台的高度共享、多方位资金支撑服务的特性能较好地实现内部融资控制；资金风控在财务共享服务中心主要是针对业务的资金周转风险和资金营运风险。资金控制管理的具体流程如图 4-10 所示。

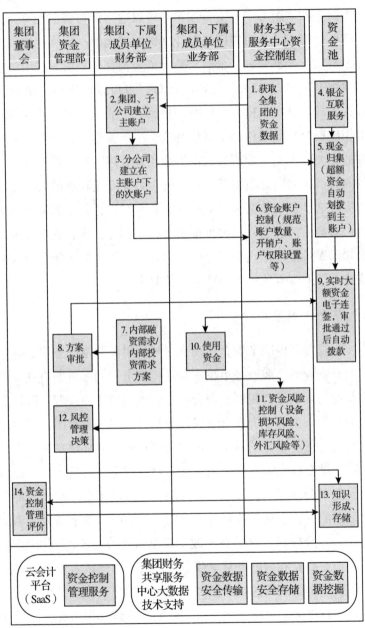

图 4-10　资金控制管理流程

（三）资金监督管理

　　资金监督管理是针对资金管理部而言的。资金管理部设在财务共享服务中心，有的由专业水平高的财务骨干兼任，有的由财务主管和财务总监兼任，也有信息部负责人以及管销售、生产等方面的副总和总经理兼任。企业高管们通过云平台参与资金管理。资金监督管理需要资金部的管理者对内外部资金管理环境的变化制订出反应对策，以指导资金预算的制订和资金控制的实施，如盘活存量资金、修改资金制度和做出奖惩安排等。资金监督管理是对资金控制管理和资金预算管理的监督、修改和补充。财务共享服务中心云平台有数据仓库和数据挖掘两大模块。数据仓库作为一个特有的资金资料存储环境，它会把资金监督管理划分成各个主题进行组织，如资金预算制度修改、资金控制制度修改、存量资金盘活和奖惩安排等。数据挖掘是从数据仓库中提取具有主题性的、集成的和时变的资金数据，通过数据清洗、相关性分析和聚类算法等方式发现知识，从中寻找到潜在的有用信息，然后根据这些信息发现关联性规律并帮助企业高管做好资金监督管理。对于需要人员判断的资金管理决策部分，由于资金管理部拥有众多通晓财务、业务的高管人才，而且财务共享服务中心云平台拥有指引重点问题的刺激直觉判断机制，在云平台提供的具体可靠的资金信息、业务跟踪和资金管理决策等服务的支持下，将最大可能地帮助企业高管对资金控制管理和资金预算管理进行合理监督、修改和补充。资金监督管理流程如图4-11所示。

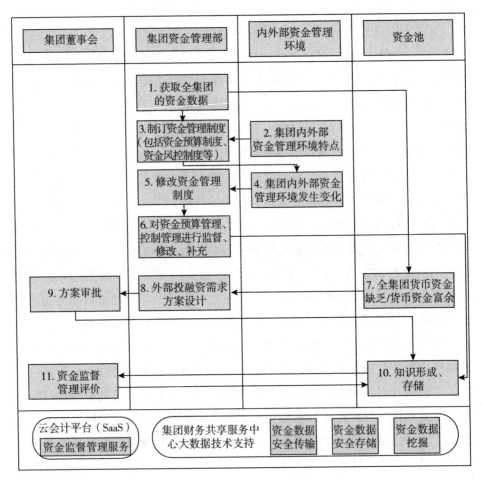

图 4-11 资金监督管理流程

（四）资金考核管理

资金考核管理是由财务共享服务中心的财务部制订一系列资金考核标准，然后对报告期内资金指标的实际完成率与考核标准进行对比的过程，以期评价资金利用的效率。财务共享服务中心的财务部可在云平台的资金考核管理模块上制订资金考核标准，包括绝对指标、相对指标、评分和指标完成百分比等。当集团、下属成员单位资金流动信息形成的结构化、半结构化和完全无结构化数据全部集中在财务共享服务中心云平台时，通过云平台的大数据相关性功能，用同质性、可分辨性、可描述性等标准将海量数据加以规整，可确认有关责任单位和个人在哪一步的细节上出现问题，不同的责任单位需对相应资金责任指标负责，这在极大程度上保障了资金考核标准的完成。在此基础上，资金部的管理者以考核标准的完成度为参考，对有关责任单位做出相应奖励、惩罚，以及做出可能因资金考核管理发现资金管理环境变化的决策等。资金考核管理流程如图 4-12 所示。

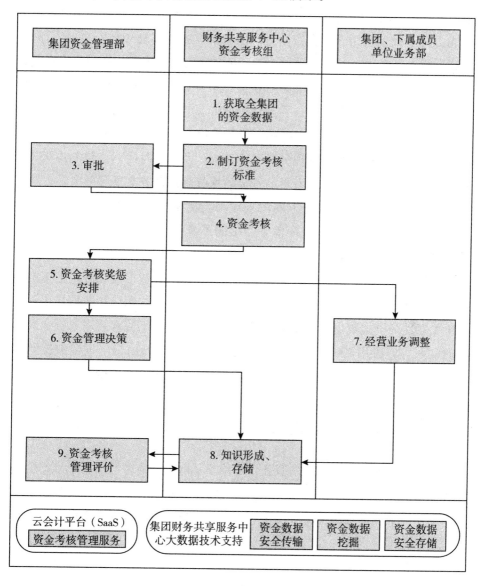

图 4-12　资金考核管理流程

二、资金管理的关注点

（一）资金管理职能的转型

大数据时代下，财务共享服务中心云平台使财务业务执行从扩大业务的横向往纵向发展，即向管理会计服务转型，财务人员将在具备高水平信息技术能力的基础上利用云平台资金管理服务的支持更多地参与资金报告评估、预算分析、资金成本控制等深层次的资金管理工作。比如，在项目投资过程中，资金管理部人员可以让市场调查人员将人流量数据和消费高峰时段数据收集到财务共享服务中心，云平台自动对按一定顺序处理完的资金数据进行投资风险、盈利能力的分析，并编制可行性报告，而这些资金管理工作需要统筹结合整个企业的资金管理情况进行分析。大数据时代下，财务共享服务基于企业服务总线，将企业海量的资金数据收集到财务共享服务中心，通过大数据技术描述现有资金数据间的规律和预测未来相关性的资金数据。首先，利用异类分析筛除异常环境下产生的不具有代表性的资金数据，并按共同特征和独特特征对资金数据进行分类，对于难以归类的资金数据可通过连续数值进行预测；其次，运用简单、时序和因果等数据关联方式挖掘出某些资金数据之间的关联度和关联规则；再次，对于有些用已知数据规律无法分析关联性的资金数据，如企业财务共享服务中心员工喝水频率与资金周转率的联系等，可用 KM 算法和引力搜索算法等聚类算法得出资金数据间的规律；最后，这些已知、未知资金数据规律的发现为企业资金管理提供决策支持。

（二）资金管理的价值发挥

大数据时代下，财务共享服务中心聚集了海量的财务数据。标准的财务处理流程能保证会计信息的真实可靠，使得企业资金管理部的高管实时了解整个集团较准确的资金运行和资金管理状况，支持资金监督管理的实施。企业资金管理部负责资金监督，它的职能主要在于对资金管理制度的制订、修改，以及某些需要高管做出资金决策的情形。大数据环境下，财务共享服务中心实行资金共享集中管理，如预提差旅费的管理会联通互联网并采用数据仓库、数据挖掘技术，仅需输入几个关键词，云平台就会结合过往差旅费使用情况智能得出一个最优预提数。企业财务共享服务中心原则上只接受等于或小于这个金额的预提数，这会导致原先有一定资金支配权的业务单位和个人因云平台智能技术产生抵触情绪。这时企业资金管理部的工作就是如何在大数据环境下制订出既不妨碍资金共享集中管理又考虑到员工情绪的资金管理制度，并在云平台上修改资金管理程序。

（三）资金管理系统的建设

企业财务共享服务中心打包好各种基础功能后，以服务的形式交付给云平台。资金管理系统位于云平台的业务层；其中的基础设施层为资金管理系统提供服务器和互联网等资源；应用层给予资金管理系统四个方面的应用支持，即资金预算管理、资金控制管理、资金监督管理和资金考核管理。应用层资金控制管理下的现金归集提供银企直联接口应用，包括中国银行直联、工商银行直联、建设银行直联、农业银行直联和其他银行直联，因为大型企业和银行的资金业务量大，所以单独管理。另外，资金控制管理中还包含大额资金联签、费用报销、内部融资授信、承兑汇票和资金风险控制等应用，资金监督管理中有资金制度及流程修改、综合查询及报表和资金预测及分析等应用。

第五章 基于现代技术及管理手段的运营管理

运营管理是对所提供的产品或服务进行设计、运行、评价和改进的活动，通过对价值链上的各项活动进行分析和设计，提高组织运作效益，协调组织活动并不断优化。运营管理的常见活动包括：制订科学规范的运作体系，不断检查执行效果；确保工作制度执行；随着组织发展不断优化，创新工作流程。管控服务型财务共享服务中心是一种能够强化集团企业管控能力、实现财务信息高效传递、降低企业经营和财务风险、优化资源配置、提升资源使用效率和效益的管理模式。要实现这些作用，必须重点关注财务共享服务中心的运营管理。

第一节　企业财务共享服务中心的制度管理

一、业务流程管理制度

（一）业务标准制订

制订业务标准的目的是通过行政指令在集团内统一各类管理制度、管理规范，通过流程再造统一各级审批流，最大限度地减少个性化设计，消除主观因素和人为臆断，提高工作质量。业务标准化提高了财务共享服务中心的内部工作效率和质量，推动了前端业务规范化，提升了专业服务水平。业务标准化使财务共享业务从无序到有序，是一个质的转变。当企业财务业务处于各自为政的状态时，是无法进行财务共享服务建设的，只有当其制订出业务标准后，才能真正踏上财务共享服务道路。标准化过程是一个需要持续推进和优化的过程，所以必须建立一套可持续的优化流程机制。

（二）流程标准制订

企业不同部门、客户、人员和供应商之间都是靠流程来进行协同运作的。各业务在流转过程中可能会产生相应的实物流、资金流、信息流，一旦流转不畅，就会导致企业运作不畅。

财务共享服务中心建设的一项重要工作是不断分析、鉴别、改进、优化现有的业务流程，使流程真正做到最优化。在财务共享服务中心建设过程中，流程标准化和科学化是财务共享得以高效运作的基础，也是实现信息化的前提。

财务共享服务中心的流程设计主要依据流程框架进行逐层分解和设计。财务共享服务中心作为一个独立运营实体，其流程设计框架一般包括流程地图、流程区域、流程场景及流程。流程地图为最高层次的流程场景，可以涵盖财务共享服务中心所有流程；流程区域在流程地图的基础上，按照流程特性进行划分、汇总和分级；流程场景勾勒出流程区域中流程起始和结束的状态，以及与其他流程的接口关系；流程则是最小单元，是对流程过程的具体描述。

（三）财务共享服务的流程范围

财务共享服务流程地图中的核心流程主要是指财务核算业务。财务共享服务中心的流程设计应针对核心流程区域逐一展开并进行优化和设计。

财务核心流程一般包括总账管理、应收管理、资产管理、成本管理、应付管理和资金管理等。

（四）财务共享服务的流程层级

流程是有层次性的，这种层次体现在由上至下、由整体到部分、由宏观到微观、由抽象到具体的逻辑关系上。一般来说，先建立主要流程的总体运行过程，然后对其每项活动、每种业务情况进行细化，落实到各个部门、岗位，建立相对独立的子流程以及为其服务的辅助流程。以财务共享服务中心的资产核算流程为例，资产核算流程属于一级流程；资产核算流程中所包含的固定资产核算流程属于二级流程；固定资产核算流程中更为细化的固定资产新增流程、固定资产减少流程、固定资产调拨流程、固定资产折旧流程属于资产核算流程的三级流程。

为保证财务共享服务中心未来流程的高效、稳定、规范运转，财务共享服务中心的流程设计工作应尽可能地深入流程的最小单位，从全业务场景出发，为最低层级的子流程进行明细设计。

（五）财务共享服务的典型流程

财务共享服务中最为普遍的流程主要包括PTP（从采购到支付）流程、OTC（从订单到收款）流程、ATR（从账务到报表）流程等。研究和了解这些典型流程，有利于在实践中更好地对其实施流程管理，提高流程运作效率和质量。

以最典型的PTP流程为例，业务过程中最重要的环节是公司和供应商的业务交接环节。这种交接体现在两个方面：一是向公司传递供应商发票及业务信息；二是财务共享服务中心进行支付并接受供应商查询。基于这两个方面和财务共享服务中心的内部处理过程，整个业务可以分为以下四个逻辑过程。

第一，发票信息采集。发票信息采集过程包括实物发票接受和扫描，以及在有电子发票的情况下采集电子发票信息。这两个步骤的主要目的在于提取发票中的关键信息，并将这些信息作为后期应用的依据。很多财务共享服务中心采用条形码技术结合影像管理系统来实现对发票等票据信息的全程管理。

第二，数据及业务处理。数据处理过程主要是为了实现对采集的发票信息进行审核以及与AP和支付信息的转换。

第三，银行支付。支付信息在得到确认后，将转换为符合网络银行接口标准的支付数据，通过网络银行或银企互联的方式完成支付。

第四，客户服务。PTP流程需要面对众多企业内外部供应商，因此，财务共享服务中心需要提供强有力的服务支持系统，比较典型的是通过呼叫中心、财务邮箱、供应商管理系统等方式来接受内外部供应商进行业务咨询和单据查询。

流程是以满足企业环境及客户需求为目标设计的，所以应随着内外部环境及客户需求的变化来进行优化。流程管理是对流程持续优化的过程。流程管理要从组织实际情况出发，围绕顾客需求，以流程为基础，结合系统技术等相关应用，进行持续跟踪、反馈和优化，提升企业的流程绩效及竞争优势。

二、人员管理制度

人才管理是成功建立财务共享服务中心的关键，也是中国企业面临的重要挑战之一。财务共享服务中心的优秀人才能够从烦琐、重复的工作中总结规律，用创新方法优化流程，甚至能够给业务部门提供有效发展意见。然而，如何挑选适合的人才？如何提升他们对财务共享服务中心工作的兴趣？如何通过企业文化及人才培养模式来激发员工的积极性，充分发挥他们的潜力？对此，本书提出"人才管理三部曲"。

（一）众里寻他

财务共享服务中心是基于财务业务从事共享服务的组织，作为企业内的中心机构，人才选拔比服务外包企业更加严格。在这种背景下，其人员选拔受专业知识、服务技能等多种因素影响。

（二）人才培训

员工培训是员工知识管理的核心范畴，是提高员工自身素质的重要方法，目的是启发员工自我学习，加快知识资产循环周转，快速发挥效益。知识一方面来自员工的自我积累，另一方面可通过组织培训获得。

财务共享服务中心应针对不同群体制订不同的学习目标，并通过差异化培训方式使员工得到学习的机会。培训分为职前培训和在职培训两种。职前培训是指新进人员应在入职前进行财务岗位通用知识技能的培训。在职培训可以分为共同性培训和岗位培训。根据培训对象不同，共同性培训的又可分为管理者培训和一般性培训。管理者培训的对象通常是业务主任以上级别、从事经营管理的人员，目的是提高管理者的管理水平和技能。管理者培训次数不定，一般每年两次左右，培训方式主要有外出参加培训课、内部培训、自学管理书籍等。一般人员培训是对业务主任以下级别的员工进行的培训。企业的管理人员通过日常工作或日常接触，启发和指导下属的工作方法和工作技能，激发下属的工作热情，培养下属敬业、协作等品质。岗位培训是一项经常性工作，它贯穿于财务共享工作的全过程。岗位培训方法有规范性演示、通过讨论传送意见和观念、有计划地安排各种能力训练。

（三）留住人才

财务共享服务中心人才流失率高是普遍存在的现象。如何将财务共享服务中心从基础会计处理中心转变成价值创造中心，如何利用互联网时代的新技术和流程优化让员工更多地参与价值增值工作，从根本上调动员工的积极性，是解决人才流失的关键性问题。笔者认为，实行轮岗机制及选拔输出机制可以有效激励员工，以达到留住人才的目的。

轮岗机制的原则是能者上、劣者下，优胜劣汰，增强员工的危机感，推动员工工作能力快速提高，提高公司人员素质和促进公司发展进程，形成员工和公司共同进步的良好氛围。轮岗机制还可以多岗位锻炼人员、培养人才。通过内部岗位轮换，既能缓解人员配置不足的压力，又能有效地培养出能够独当一面的复合型人才。财务共享服务中心的特点是标准化流程作业，工作强度大，且枯燥乏味，而实行轮岗制度可以有效降低员工因为工作内容重复带来的烦躁感，提高员工的工作满意度。

轮岗流程依次为确定轮岗岗位范围、公布轮岗岗位、轮岗前沟通听取意见、做好轮岗岗位培训和交接、一定期间内跟踪轮岗人员工作进展程度同时予以指导、根据岗位职责和绩效指标考核评估轮岗结果。

此外，公司应就人才管理设立选拔输出机制，规范员工选拔晋升流程，鼓励员工积极上进，不断提升个人素质和能力，有效提高工作绩效，同时给员工提供良好的晋升和自我发展平台和空间，形成公平、公正、公开的竞争机制。

员工晋升机制一般分为定期选拔和不定期选拔。定期选拔是根据当年企业战略及人力资源规划，由人力资源部统一组织实施，原则上每年度一次；不定期选拔是根据公司发展或临时重大工作需要，当出现职位空缺并决定采用内部竞聘时，可由用人部门提起申请，经总经理审批后交人力资源部统一组织实施。

三、文档管理制度

标准化管理贯穿业务流程管理、培训管理、服务管理、组织管理、质量管理、绩效管理之中，起到固化流程、提升效率、树立品牌的作用。标准化管理的载体为标准化文档。管控服务型财务共享服务中心强调业财一体化，分类管理文档可以使公司形成大数据库，可纵向对比公司各期数据，实现刚化管控。

文档管理包含会计档案分类、档案管理人员及其职责、会计档案交接和会计档案保管。会计档案可分为五大类：会计凭证、会计账簿、会计报告、电子档案和其他。其中，其他类包括银行存款余额调节表、银行对账单、会计保管清册、会计移交清册、合同文件、接收成员单位会计资料交接清单等；电子档案类包含核算、资金、报表等信息化系统数据，依据原始凭证形成电子影像资料等。

财务共享服务中心设有档案管理岗，其主要工作内容是负责接收财务共享服务中心扫描岗移交的会计档案，按照档案管理要求进行会计凭证打印及与实物票据匹配、顺号、装订、分册、装箱与归档管理，以及做好会计档案资料的保管工作，严防会计资料毁损、散失和泄密。成员单位档案管理岗在负责以上工作内容的同时，还需配合财务共享服务中心档案管理岗检查本单位的会计档案保管工作。

财务共享服务中心档案管理岗需要定期编制档案移交清单，并按照移交清单将相应的原始档案移交给下属成员单位。

根据会计档案保管规定，财务共享服务中心内部人员因工作需要查阅会计档案时，必须按会计档案管理办法及时归还原处，若要查阅已入库档案，必须办理有关借用手续。成员单位或公司内其他单位及部门若因公需查阅会计档案时，必须持有效证件并完善审批手续，经财务共享服务中心相应领导或成员单位所在地相应领导同意后，方能由档案管理人员接待查阅。

四、现场管理制度

现场管理就是指用科学的管理制度、标准和方法对现场各生产要素（包括人工、机械、材料、方法、环境、信息等）进行合理有效的计划、组织、协调、控制和检测，使其处于良好结合的状态，使人流、物流、信息流畅通有序。目前，现场管理最为广泛使用的是现场管理"5S"方法。"5S"指整理（Seiri）、整顿（Seiton）、清扫（Seiso）、清洁（Seiketsu）、素养（Shitsuke）五个项目，因罗马拼音均为"S"开头，所以简称为"5S"。

财务共享服务中心应设立"5S"管理小组，运营管理组组长为"5S"管理责任人且担任管理小组组长，成员 2~3 名，由财务共享服务中心各科室员工轮流担任。

"5S"管理小组组长的职责：负责牵头财务共享服务中心实施过程中的各项工作，如组织制订各项"5S"管理规范、奖罚制度；"5S"管理活动组织、策划、实施、检查、评比公布、改进等；对员工进行"5S"基本知识及"5S"规范性培训，推动"5S"顺利进展；其他与"5S"有关的活动事务。

"5S"管理小组组员的职责：负责具体落实"5S"实施过程中的各项工作，如实施、检查、评比、督促与跟进等；对"5S"日常执行情况进行监督、检查；提醒员工在上班期间遵守"5S"管理条例，督促员工在下班前整理好个人物品，如有违反并不听劝告者，应予以扣分并向"5S"管理小组组长汇报。

五、服务管理制度

服务管理是指对财务共享服务中心员工在服务效果、服务时效、服务态度等工作上管控与提升的过程。财务共享服务中心以服务为导向，服务的完善、改进是提升财务共享服务中心工作质量的必经之路。服务管理制度的内容主要包含客户沟通管理规范、首问责任规范、投诉处理、客户满意度调查等。

（一）客户沟通管理规范

第一，时效要求。财务共享服务中心服务支撑岗应重点关注时效要求，及时答复、反馈员工咨询的问题。当员工通过公共邮箱进行业务咨询时，财务共享服务中心服务支撑岗应在 24 小时内处理、回复邮件，对于超出解答能力需要获取相关接口人支持的，另行获取答案后再答复，也需一并遵循此时效要求。当员工通过电话进行业务咨询时，首问责任人（包括财务业务人员和服务支撑岗人员）在正常情况下应实时回复，对于超出解答能力需转交其他相关人员回复的问题，应该予以跟踪、关注，直到完成答复，此答复时间不超过 24 小时。

第二，质量要求。基本要求为答复正确、内容详细、依据充分。问题答复要严格参照内控制度、报账规定、核算办法等公司规章制度明确的相关要求进行解释。问题答复使用礼貌用语，亲切自然、大方得体，要做到标准、统一，不能出现"同一问题不同解释"的情况。

第三，保密性要求。服务人员对于沟通过程中获取的可能涉密内容，需要遵循保密性原则，不得随意泄露。财务共享服务中心服务支撑岗在接受客户咨询时，应严格遵循保密要求，回复内容仅限在客户应当知晓信息范围内。

（二）首问责任规范

首问责任制是指财务共享服务中心处理相关业务的过程中，首先收到来访、咨询或接待办事的业务处理人员对该项事项负责的机制。若员工发邮件到公共邮箱询问，公共邮箱处理人为首问责任人；若员工发邮件向多个财务人员询问，邮件第一个收件人为首问责任人。

首问责任人的主要职责如下：要以认真负责的态度和文明礼貌用语来接待客户咨询；尽量在自己能力范围内答复员工询问，如首问责任人不能自行答复，应积极咨询或者转由各支持接口人答复；首问责任人应知晓员工的询问在 24 小时内是否得到反馈，并应一直跟踪直至问题关闭。问题关闭是指员工认可其提出的问题已经得到准确答复。

相关财务人员的主要职责如下：接到首问责任人转交的问题后，应及时进行处理，保证在规定时限内反馈答复结果，不能自行答复的重大问题，请示领导后再答复；若出现新业务、形成新流程，或者原有流程发生了变更、优化，应对财务共享服务中心相关人员进行及时培训、知识传输；将问题答复结果通过邮箱发送给首问责任人，再由首问责任人负责发送给问题咨询人。

（三）投诉处理

投诉可分为以下两类。

第一，有效投诉。投诉内容详细，投诉理由充分，并经财务共享服务中心核查属实。

第二，无效投诉。投诉理由不充分，依据不完整，且经过财务共享服务中心核查确认被投诉事项与财务共享服务中心业务处理人员无关。

投诉处理流程如下。

第一，员工可通过公共邮箱或热线电话等方式进行投诉。

第二，财务共享服务中心服务支撑岗收到投诉后进行分析，并组织相关人员进行调查，判断是否为有效投诉及投诉等级。

第三，核查完毕后，财务共享服务中心服务支撑岗与被投诉人所在部门负责人共同出具调查结果和处理方案。属于被投诉人责任的，应出具对其的处理方案；属于流程问题的，应反馈给相关人员，并由其出具流程优化方案。

第四，财务共享服务中心将调查结果和被投诉人处理方案提交给财务共享服务中心主任审批。

第五，在财务共享服务中心主任审批后，服务支撑岗依据审批结果对相关责任人进行考核处理。

第六，在财务共享服务中心主任审批后，服务支撑岗将投诉结果反馈给投诉人，并与之进行沟通，以取得投诉人的认可与理解。

第七，处理完毕后，服务支撑岗对相关文档进行归档管理。

（四）客户满意度调查

为更好地督促财务共享服务中心员工树立服务意识、提升服务水平，需定期进行服务评价。财务共享服务中心服务满意度评价可采用客户满意度调查及投诉分析等方法，对财务共享服务中心除运营管理部门以外的所有作业人员的服务水平进行评价。财务共享服务中心的服务满意度调查主要包括五个方面：服务效果、服务时限、服务态度、沟通技巧和服务协作性。

财务共享服务中心应依据服务满意度调查及投诉结果分析，诊断目前存在的主要问题，针对薄弱环节提出具体整改与提升措施，主要包括但不限于以下内容。

第一，结合满意度调查，对于员工普遍反映满意度较低的服务内容制订改进方案，对财务共享服务中心相关责任人组织对应培训，提升专业技能，有效改进服务效果。

第二，加强财务共享服务中心员工的服务培训，强化员工的服务意识，提升员工的沟通技巧与服务能力。

第三，针对客户投诉，若被投诉人责任重大，则在绩效考核时有所体现。

第四，结合企业出现的新业务、新问题，对现有流程进行梳理，减少不必要的流程环节，提高财务共享服务中心的工作效率。

第五，进一步完善服务标准体系，加强考核，促进员工服务质量的提升。

第二节　基于云会计的绩效管理

所谓绩效管理，是指各级管理者和员工为了达到组织目标而共同参与的绩效计划制订、辅导沟通、考核评价、结果应用、目标提升的持续循环过程。财务共享服务中心绩效管理以经营战略和年度经营目标为指导，通过对员工工作进行绩效评价，达到奖优惩劣、提升员工绩效水平的目的。要保障财务共享服务中心规模化、高效率运营，就要对财务共享服务平台的各类运营指标进行统计和分析。

绩效管理通过设定科学合理的组织目标、部门目标和个人目标，为企业员工指明努力方向。管理者可以通过绩效辅导沟通及时发现下属工作中存在的问题，给下属提供必要的工作指导和资源整合；下属通过工作态度及工作方法的改进，保证绩效目标得以实现。

一、基于云会计的绩效管理概述

所谓云会计，具体指的是将传统的会计工作模式和目前的互联网工作思维、在线云技术等进行结合，并基于上述要素进行企业信息化会计财务管理系统的构建，从而开展云在线会计核算、财务管理等工作。简单来讲，云会计是会计信息化建设和外包服务模式的完美融合。企业可以基于购买形式向线上服务提供商购买信息化会计软件的使用权，这对于企业会计信息化建设和运行成本的降低来讲有重要的意义。

大数据时代背景下，云技术的发展和应用对企业的绩效管理有着一定的影响，特别是对企业的财务共享服务中心的绩效管理有着一定的推进作用。针对现阶段企业财务管理的特点，只有积极加强财务共享服务中心绩效管理，积极运用先进的管理手段，进行流程化、标准化作业，才能将风险降到最低，才能真正避免一些重复的财务工作内容，使得财务管理效率逐渐提升。财务共享信息系统能够促进财务效率的提升，实现财务内部资源的优化配置，最终实现财务管理质量的全面提升。云会计系统下的财务共享服务中心绩效管理有利于财务管理质量的有效提升，有利于将风险降到最低，有利于避免风险不可控的现象。绩效管理是最为关键的环节，能够避免相关风险的发生，特别是财务共享服务中心的全面推广，能够提升企业财务管理的效果。

当前，财务共享服务中心的云会计绩效管理是一个全新的事物，在发展的过程中，需要不断地完善和规划。该系统中也会出现一定的缺陷，如在相关系统的完善方面，还需进一步加强。针对存在的缺陷，要加强研究力度，不断地进行相关知识内容体系的完善，积极进行进一步的研发和拓展，这样才能促进该系统全面地落实和实施。特别是大数据时代背景下，全面推广基于云会计的绩效管理能够使得大数据信息更加准确，并为财务会计提升效率做好准备。

二、基于云会计的绩效管理框架模型

财务共享服务模式作为一种近几年兴起的管理模式，能够在保证会计信息质量的前提条件下简化企业的业务流程，并通过合理的流程优化降低人力成本。大数据、云会计技术在企业财务共享模式中的应用，使得绩效管理更加标准化和流程化，可以让财务共享服务中心的员工和管理者各司其职，不再做重复的工作。财务共享服务中心采用了先进的云会计技术，所以可以让企业总部及子公司统一接收并处理收到的信息，如果发现有可改进的地方，也会得到有效反馈，从而方便改进。通过运用大数据和云会计的知识，本节构建了一个大数据时代基于云会计的财务共享服务中心绩效管理框架模型，如图 5-1 所示。

图 5-1　大数据时代基于云会计的财务共享服务中心绩效管理框架模型

从图 5-1 中可以看出，通过运用大数据技术，可以将上述框架模型运用于云会计平台。该模型主要分为 6 个层级，分别为基础设施层、业务层、数据层、服务层、应用层和用户层。

基础设施层中包含的智能终端、网络、服务器、安全设备和存储器等内容是组成业务层的基础，同时基础设施层还可以采集对应行业的外部数据，并可以应用于数据层和应用层。总之，整个框架正是建立在这些网络基础设施之上的。在企业的发展过程中，企业基础设施的完善是核心，也是前提。

业务层中的会计核算系统、客户关系管理系统、会计档案管理系统、运营管理系统和费用报销管理系统等都是与绩效管理系统相关的系统，而制订绩效管理的决策需要从其中提取相关企业的内部数据。业务层面之所以能够有序地推进，是因为企业中核心基础设施的完善给业务工作提供动力源泉，保障了企业内部的业务水平与服务态度得到进一步的提高与改善。决策层面的数据类型决定了整个企业的业务在推进时，能够把绩效管理融入业务工作之中。

在基于云会计的财务共享服务中心绩效管理框架中，数据层是管理框架的核心，数据的收集、储存、调用及保护是管理模式中的重点。对于企业内部的会计资金数据以及服务类型和客户总体量，都是依靠数据层做出整体的调研分析。数据层中的处理首先是将从基础设施层和业务层中的与企业绩效管理有关的结构化数据与非结构化数据存储到 ODS 业务同步复制数据库中，然后利用 Hadoop、HPCC 和 Storm 等大数据技术进行数据处理之后，进入数据中心，以满足服务层和应用层的需要。

服务层主要是通过线上获取数据的手段来对企业相关信息进行操作处理。服务层能够给应用层带来一定量的客户信息反馈。服务层的数据来自经过加工处理的数据中心，然后通过服务层再次对数据进行处理和有效利用，再通过 B2Bi、B2Ci、BPI、EAI 等技术对其进行应用整合。在用户整合方面，需要统一用户、统一身份、统一授权和统一管理。此外，通过 EMPI、统一注册、统一通信和安全管理等满足基础服务的需要。

应用层主要是根据企业的服务群体、客户这些方面的反馈信息来进行运营管理的层面。应用层中的组织绩效管理主要包括财务、客户、学习创新和内部流程这四个维度。其中，财务维度是指财务共享服务中心的建设运行成本、职工薪酬成本、每项任务完成成本和未支付的现金等；客户维度包括客户满意度、客户体验管理能力、服务水平协议达成度和客户投诉处理率等；内部流程维度包括业务数量、会计核算处理效率、流程执行力和一次性承购比例等；学习创新维度包括定期培训课程种类、有效建议数量、人均培训时长和培训结果满意度等。因为财务共享服务中心服务的客户不同，或采用的共享方式不同，所以其组织绩效具体评价指标也各不相同。每个财务共享服务中心在不同的发展阶段，其具体评价指标也需要进行相应调整。在财务共享服务中心成立初期，组织绩效考核指标或者评价标准可以适当放宽，给予新组织较多时间和机会，以不断完善、优化；运行平稳后，组织绩效考核指标和评价标准可加以提高，以便更加严格、客观地反映组织绩效的真实水平，并据此不断改进；运行成熟期，承接新业务或者新公司时，组织绩效考核指标和评价标准可适当调整，以便财务共享服务中心能够更好、更快地适应新业务或新公司的业务。组织绩效评价指标需要调整和优化时，应由财务共享服务中心专家团队提出并编写《组织绩效评价体系优化方案》，由运营管理副主任审批，并报财务共享服务中心主任审批后，再由标准化支撑岗发布。对于人员绩效管理，其中运营业务人员的绩效管理主要取决于单据类型、业务处理效率、业务处理数量和客户满意度等方面；技术人员和管理人员的绩效管理不再像运营业务人员的绩效管理那样单一，将进行 360 度评估、个案评估，还要从组织绩效达成率和业务人员流失率等方面进行评估。对财务共享服务中心员工进行绩效评估的目的是公平、公正、客观地评价员工的工作结果、工作行为和表现，以促进员工持续学习和发展，提高员工满意度，从而提高客户满意度，最终实现企业价值增长。

用户层是企业的决策者，包括公司总部、分公司、财务共享服务中心等，其从应用层提供的不同财务决策方案中选择最有利的方案，从而对企业的资源和人力进行更好的分配。这些财务决策方案首先从基础设施层获取财务共享模式下与绩效管理有关的数据，由业务层和数据层对其进行清洗和梳理，并通过服务层和应用层提供决策分析技术，从而将简单的财务数据和非财务数据进行处理整合，转变为管理层需要的财务决策方案。

三、基于云会计的绩效管理流程

在大数据时代，企业总部与分布在全球的分公司的联系不再困难，运用云会计和移动互联网技术建立的财务共享服务中心可以让其方便快捷地联系起来。建立标准化的绩效管理流程，能够显著提高企业的业务处理能力与管控力。借鉴国外企业实施财务共享服务模式下的有关绩效管理的实践经验，并考虑到我国企业财务共享服务对准确性、规范性和及时性的特殊需求，设计出以下绩效管理流程，如图 5-2 所示。

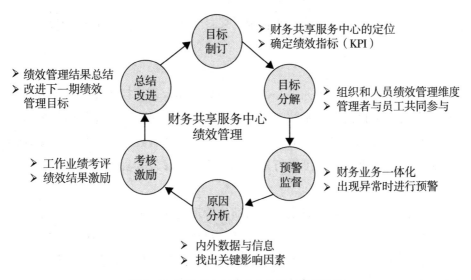

图 5-2　财务共享服务中心的绩效管理流程

　　下面从绩效管理的目标制订、目标分解、预警监督、原因分析、考核激励和总结改进六个闭环模块对企业财务共享服务中心的绩效管理过程进行详细阐述。

（一）目标制订

　　企业的财务共享服务中心不仅要向总公司和分公司等内部客户提供服务，而且若财务共享服务中心是独立运营模式，还要对除了集体企业之外的外部客户提供服务。对于内外部客户，财务共享服务中心都需提供优质的服务，以保证客户的满意程度和降低外部客户的流失率。

　　企业绩效管理目标制订所需要的财务信息和非财务信息均通过财务共享服务中心运营管理信息系统来采集和传递，实现对绩效管理流程的系统覆盖及支撑，从而提高绩效管理的效率与效果。在采用财务共享服务模式时，以及在绩效评价管理模式的前提下，运用大数据和云会计技术可以得到财务共享服务中心的内外部数据，从而对这些数据进行信息评估并分析该模式下财务共享服务中心的远景定位和战略目标，明确绩效管理指标的设计及执行目标，可以对后续调整及改进各个员工的工作岗位和绩效管理目标有一定的影响。在财务共享服务中心绩效管理中，如果不能确定绩效指标（KPI），那么绩效管理的目标就无法明确，更不要说对目标的分解了。因此，企业管理者需根据各自财务共享服务的不同需要，来制订财务共享服务中心的绩效目标。

（二）目标分解

企业建立财务共享服务中心，运用大数据和云会计技术建立一套动态绩效管理系统，不再是像传统绩效管理那样由主管通过参考企业整体业绩以及个人完成的任务比重进行模糊化评价，而是将绩效管理的目标从组织绩效管理和人员绩效管理两个维度进行量化和分解，能够较为真实、完整地对员工的工作业绩进行评价。

财务共享服务中心要完成既定的绩效管理目标，就必须将其进行层层分解并落实到各个业务单位、部门和员工，每个岗位需要完成的任务以及对应岗位所需人员的条件都是可以量化的。既定岗位的工作目标的确定是分解绩效管理目标的重中之重，也就是说，企业各岗位人员在绩效考核周期的权利与义务是必须要明确的。绩效管理目标分解和各岗位目标的制订不但需要企业管理人员的参与，而且企业员工也应该加入其中，因为管理人员所设计的目标往往从理论上看比较容易，但当员工实际执行的时候还是存在一定难度，所以专业人员同员工的上级以及员工共同制订的个人绩效计划才能既保证员工的积极性，又能保证目标的合理性。在云会计环境下，利用大数据技术分析绩效管理的实时变化，在绩效目标明显过低或过高的情况下，都应该进行原因分析并适当调整绩效目标。

（三）预警监督

由于传统观念的束缚和传统流程的烦琐，财务部门与业务部门收到的信息往往不对称，因为财务部门通过手工传递和加工得到的信息在经历一系列的流程过后会远远滞后于业务活动，而且存在于各个职能机构之间的利益冲突以及不同流程间的对接障碍也会降低数据的获取效率和利用率。构建财务共享服务中心，借助大数据和云会计技术，可以将财务部门与业务部门的各自流程进行有机结合，通过共享财务业务的信息流，实现财务和业务能同步结合的目标。财务业务一体化流程可以利用计算机将信息通过网络高速传递，既避免了人工的干扰，又为会计信息的真实准确性和实时传播速度提供了保障。经过合理设计的系统可以在规范会计信息输入的同时，向财务共享服务中心管理者输出所需的信息，从而方便管理者实时管控绩效管理过程中的风险。

借助大数据和云会计技术，财务共享服务中心绩效管理系统将实际执行的结果和计划进行对比和预测，跟踪业绩完成情况。管理人员通过绩效管理系统可以控制绩效管理的过程和结果，因为在系统中，员工工作的错误次数、错误率、业务处理量、完成时间等信息都会被记录下来。管理人员针对系统反映出的整体情况和异常情况，可以快速地做出实时调整。当预计的业绩完成情况和实际的结果出现差异时，需要使用一些技术和手段寻找根源，对业绩不达标的单位和个人进行预警。绩效监督与管控越及时，越能做出有效的调整。

（四）原因分析

绩效管理系统通过连接到基础设施层中的存储器、服务器、智能终端等，在云会计平台上收集并处理企业外部关于企业绩效管理的数据，从财务核算系统、财务分析系统、客户关系管理系统、资金管理系统和电子影像管理系统等有关系统中获得初始数据，并通过大数据技术对其进行清洗和处理，再运用同比、环比、标杆对比等一系列方法对业绩执行情况进行分析，分析结果可以在绩效系统中通过经营业绩分析报表、经营仪表盘等形式展现出来。绩效管理原因分析旨在明确绩效问题，找出影响绩效结果的关键原因，从而提出适当的绩效调整计划。

（五）考核激励

通过云会计平台，财务共享服务中心绩效管理的数据在各系统、各个模块间相互传递。信息的传递不是简单的相加，而是以 N 次方的速度被扩散。绩效考核激励的基础是经过分析的来自系统中的相关数据和信息，对财务共享服务中心员工在其岗位上的工作业绩进行评定和激励。绩效考核要根据评价的对象、工作岗位类别、工作特点的不同区别对待，对员工是否完成其岗位要求的任务、工作成果是否优良、工作能力的强弱、对待工作的态度是否积极乐观以及个人道德等方面进行考核。

成功的绩效管理考核激励不仅能有效地管理员工的工作业绩，进而实现整个财务共享服务中心的绩效管理目标，而且从效果上而言，也能够对员工产生持续的、积极的鼓励作用。绩效管理中的绩效激励就是通过奖励员工的绩效成果的方式提高并持续保持员工的工作积极性，使员工的个人利益、价值取向与财务共享服务中心的发展保持一致。此外，财务共享服务中心管理者应根据员工的业绩、能力而给予其与之相符的薪资待遇或职位，还可以采用荣誉、关怀、培训等方式对员工进行激励。

（六）总结改进

总结改进是对财务共享服务中心的整体绩效管理目标和员工个人在初期所制定目标的完成情况和其在工作中的业绩和能力进行客观的分析和总结。管理人员就员工的绩效考核的结果、显示的问题和改进方法与员工进行总结沟通和反馈沟通。管理者与员工就绩效评价的最终结果进行讨论，使员工明白自身绩效水平在整个集团中的位置，且管理者应该引导员工尽量避免其短缺之处，充分利用其优势，从而为下一期的员工绩效目标的改进提供帮助。在制订出新的员工绩效管理目标改进方案后，该绩效周期内的沟通管理到此结束。随着新的绩效周期的开始，管理者和员工可以在绩效改进计划的基础上确定新绩效周期的绩效目标、计划，启动新一轮的绩效管理。

企业财务共享服务中心利用大数据和云会计技术，使采集和整理分析与绩效管理相关的各种数据成为可能，也为企业管理者采用大数据技术做出科学合理的绩效管理评价提供了技术支撑。企业的财务共享服务中心是利用大数据和云会计技术建立的，其绩效管理是将企业的业务流程和有关系统进行整合，提高自动化绩效管理的能力，降低企业绩效管理的时间和成本，可以使管理层实时地进行绩效管理。

第三节　财务众包——财务共享服务新模式

一、财务共享服务组织模式现状分析

模式是某种事物的标准形式或使人们可以照着做的标准形式。模式标志

了物件之间隐藏的规律关系，这些物件并不一定是图像、图案，也可以是数字、抽象的关系，甚至是思维的方式。只要是一再重复出现的事物，就可能存在某种模式。

要建立财务共享服务中心的企业，首要考虑的是模式的选择问题，即建立一个什么标准样式的财务共享服务中心。这一问题的解决，对于每一个集团选择一个什么样的合适路径来建立有效的财务共享服务中心至关重要。从已经开展的财务共享服务经验来看，财务共享服务中心主要出现了四种常见的模式：基本模式、市场模式、高级市场模式、独立经营模式。从国内已经建立财务共享服务中心的模式来看，大多采用基本模式和市场模式，而采用高级市场模式和独立经营模式的企业并不多见。

基本模式通过合并和整合日常的事务处理工作、交易活动和行政管理工作，实现规模经济并消除冗余，最终以降低成本和流程规范化、标准化为目标。这种模式与企业中后线职能的集中处理工作模式相似，往往不将其职能内部的基础运营与决策权相割裂。

市场模式是在基本模式的基础上进一步分离企业职能内部的基本运作与决策权，将控制职能与服务职能相互分离，通过服务收费抵偿成本，终极目的是降低成本，提高服务质量。在这种模式下，享受财务共享服务的顾客（集团内部的其他组织）不再是被动的服务接受者，其可以根据自己的意愿做出是否接受这些服务的决定，也就是说，服务不再是托管式的，决策权由接受服务的客户全面掌握。这时的财务共享服务组织为了证明自身服务的专业化，需要不断提升自身的服务质量，优化流程，加强沟通，根据确定的服务流程与标准提供服务，除此之外，还需要提供基于基础信息的专业顾问，提供帮助决策的增值服务，且强调不断提高服务质量和降低成本，以达到客户的关键绩效指标。与此同时，成本补偿机制开始引入财务共享服务中心，接受服务的客户需要根据财务共享服务中心的测算成本支付费用。总之，市场模式与基本模式的关键区别有两个：一是咨询服务内容更加专业；二是控制权与服务权相分离。

二、众包为财务共享服务组织模式创新提供可能

（一）众包的内涵

如果说劳动分工理论把一个复杂的业务处理变成了流程化分环节作业的模式，那么众包模式就进一步将工作进行了任务细化，甚至达到了颗粒的细度。传统模式下的一项由单人完成的工作可能需要几个动作组合起来才能完成，但在众包模式下，会追求极致的动作分解，甚至穿针引线这样的工作都有可能被分解为穿针和引线两个任务颗粒。

当任务被高度颗粒化后，直接带来的好处就是任务的复杂性降低。每一个小的任务颗粒对技能的要求将大大小于组合起来的一个完整的流程环节的工作技能要求。这就使社会上大量没有掌握复杂技能的普通人员能够参与到众包组织模式的工作中来，并且追求用极低的成本来完成相关工作。

在传统的流程管理中，企业往往需要一整块的时间来完成某项工作，而且流程中间大多数是穿行关系，这样就对工作时间的连续性有一定的要求。在众包模式下，任务颗粒化后会出现越来越多的在同一期间内的并行任务，从而对时间的连续性要求有所下降，并且可以做到由互联网上的众多个体在同一时间完成多种类型的任务，实现时间的碎片化。

如前面谈到的，当技能降低，任务颗粒多，且时间碎片化后，众包的人员组织形式就可以实现网络化了。众包将会有大量的社会化资源参与，形成网状的任务交付结构，最终完成该项任务的流程化组装和最终的应用。

对于众包网络中完成任务的每个个体来说，因为每个任务客户的收益是很小的，所以实时的收益计量是其持续参与的核心动力。收益的实时化并不是要求随时支付，而在于实时告知作业用户获得了多少收益，之后定期进行支付。

（二）财务共享服务中心采用众包模式的意义

众包模式的基本原理是将工作流程进行充分的标准化和拆解，将其中一些对专业技能要求不高的环节通过互联网平台分发出去，平台对接客户端上广泛的人群通过抢单的方式进行作业，作业完成且达到预期质量要求的单

据，按预设定价进行结算。通过众包模式，简单基础的流程环节利用社会群体的碎片化时间来进行处理，即使使用同样的成本，在人员管理上和轻资产化方面带来的收益也能够给企业带来价值。

财务共享服务中心采用众包组织模式的意义主要体现在以下方面。

1.降低成本

会计核算工作的一大特点就是业务具有明显的高峰期和低峰期。低峰期时，财务共享服务中心的人力资源会存在极大的浪费，但由于雇佣合同的限制，又不能根据业务量的变化随意减少或者增加员工。如果按照平均水平进行人力配置，会导致月底峰值压力难以应对；如果按照峰值配置人力资源，又会造成平时工作量的不饱和。财务共享服务中心采用众包模式后，可以在峰值时加大对众包人群的任务投放，维持自身运营团队相对平均或紧凑的人力资源数量。

众包最终会以互联网为媒介。众包商只要拥有一台电脑或一部手机，就可以不受时间、空间的限制，随时随地为财务共享服务中心提供核算服务。而且，所有环节都在网上进行，企业不需要为这些众包商提供固定的办公场所，这又节省了一大笔费用。财务共享服务中心很多基础的会计核算工作可以由互联网上的广大用户去完成，然后依据完成的工作量给予相应的报酬，这样有助于财务共享服务中心在业务低峰期大大节省人力成本。

2.提高共享价值创造能力

财务共享服务中心建立的初衷是为了将集团下属分公司中重复的会计作业集中到财务共享服务中心统一处理。这样一方面可以将分公司人员从繁杂、简单的后勤服务工作中解脱出来，使其更加专注于核心的经营业务；另一方面可以将性质相同的工作集中处理，能够加强财务管控，提高工作效率，降低成本。随着核算效率的提升与人工成本的降低，财务共享服务中心正在不断追求新的价值创造能力的提升，不断创新，以寻求新的增值服务创新模式。

当前国家倡导的"互联网＋"模式为财务共享服务中心转型、创新提供了政策条件和技术支持。众包模式帮助财务共享服务中心内部的高素质员工摆脱"会计加工厂"的简单重复性劳动，将更多的精力和时间放在利用财务共享服务的数据优势，发挥到管理会计中的预算的编制、执行、监控以及财务数据的整合与分析中。

（三）财务共享服务中心采用众包模式的可行性分析

1.标准化的业务流程

对于众包来说，复杂的业务没有办法让技能单一的社会参与者进行处理，必须要进行颗粒化的拆分，而能够拆分的前提就是可以标准化。财务共享服务中心在建立之初就将纳入共享的业务进行了系统化的梳理，形成了标准化的操作流程，并保持不断地迭代，以持续完善操作流程。将现有核算流程开发到众包产品的过程中，开发人员更容易依据核算流程中的要点开发出合适的众包产品，以提高产品开发的效率和效果。

2.专业化的运营团队

财务共享服务中心拥有非常专业的工作人员，他们在经年累月的工作过程中必然会遇到不同类型的核算问题，积累了丰富的问题解决经验，对会计核算工作有着深刻的领悟。在开发众包产品的过程中，这样一批专业人士凭借其专业优势和丰富经验，能够针对产品提出合适的方案以及具有建设性的意见和建议，可以提高产品成功的可能性。

三、财务共享服务中心采用众包模式的逻辑运行框架分析

对于财务共享服务中心来说，众包模式的出现是对现有共享组织模式的补充，它能够在一定程度上降低财务共享服务中心的运营成本。但由于众包模式是新兴的组织模式，从方法到技术平台各方面均存在挑战，要想让众包模式成功落地，需要在前期有严谨的思考和设计，这样才能达到预期的效果。因此，在设计众包模式前，需要了解众包自有的逻辑运行框架，形成众包模式的闭环管理设计，其内容如图5-3所示。

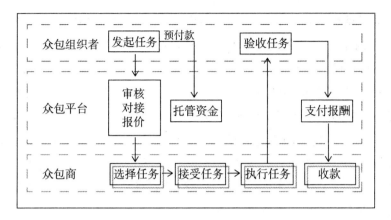

图5-3　财务共享服务中心采用众包模式的逻辑运行框架

从图5-3中可以发现，众包是由众包组织者连续发起任务，然后众包商在众包市场里选择任务；众包商接受任务并完成任务后，由众包组织者验证任务完成情况，验证通过后，众包组织者支付报酬给众包商；众包商获得报酬，支付相关成本并有所盈利，而盈利驱动众包商开始选择下一个任务，继续开始新的任务流程，这就是一个微任务的运行过程。从上述众包的闭环运行框架中可以看出，闭环流程主体是众包组织者和众包商，闭环流程的载体是众包平台，形成闭环的行为是发起、选择、接受、完成、验证、支付和盈利。

按照这个逻辑运行框架，将其运用于财务共享服务中心，分析如下。

（一）众包组织者

作为闭环管理流程的主体及闭环发起人，众包组织者处于流程的上游。在众包模式中，所有的初次核算微任务均由众包组织者发起。通常情况下，雇员成本、外包成本和众包成本三者相比，众包成本是最低的。企业作为逐利性组织，降低成本是其不断追求的经营方向。当财务事项满足财务共享众包原则时，企业端愿意采用众包模式来处理会计核算工作。

从行业来说，金融业、服务业、销售业、通信业、教育业等的财务事项相对容易处理，也更能快速实现财务共享服务中心建设，此类行业的法人成为众包组织者的可能性较大；制造业、建筑业、勘探业、房地产业、国防业等的财务事项复杂难懂，且涉及保密条款较多，此类行业的法人成为众包组织者的可能性较小。这样来看，可能性较大的行业多属于第三产业。从 2016 年国内第三产业的数量来看，其占比已超过 80%，这充分说明财务共享众包的众包组织者基数庞大。

从财务模块来说，费用、总账、税务容易满足财务共享众包原则，资金、资产、报表不易满足，而大多数企业前三项的工作量会占到全部财务工作的 70% 以上。这说明众包组织者手里拥有大量符合财务共享众包原则的任务进行发布。虽然财务共享众包在国内属于新兴模式，还不能准确定位市场规模，但笔者相信未来的任务量可达到万亿级，对于国内财务共享众包闭环而言，不会缺乏众包组织者。

（二）众包商

作为闭环主体和任务执行者，众包商处于流程下游。对于众包闭环能否完成，从实际执行角度出发，众包商的重要性甚至高于众包组织者。

对于财务共享众包而言，众包商的角色定位更复杂、更敏感。在这个闭环运行框架中，大多数众包商首先面对的就是信任问题。众包组织者一旦愿意将自己的财务信息公之于众，即使对其做了相关处理，也会有如下顾忌。例如，"众包商会不会把这些发票在朋友圈展示""众包商能不能知道这笔账务如何处理""众包商会不会做竞争对手的间谍"。混迹于众包圈的众包商的想法远没有这么复杂，他们只在乎能不能获得报酬、报酬有多少。

财务共享众包能不能吸引众包商，最主要的还是看专业需求有多高，换句话说，众包组织者能把微任务做到多好。一个完美的微任务应该是人人都可以参与并能够尝试解决的。如果众包组织者直接把一堆财务数据扔进众包市场，然后让众包商做出报表，那肯定没有多少人能完成任务；若是仅让众包商判断一张发票、一页纳税证明是否正确，这样就会容易许多。至于有多少众包商愿意处理财务共享服务中心发布的众包业务，我们可以将潜在的众包商进行排序，其主要内容如下。

第一，会计从业人员。全国现有 2000 万以上持有会计从业资格证书者。这些人每天、每月都有可以自由支配的自主时间，他们可以利用碎片化的时间增加个人收入。

第二，在校大学生。我国在校大学生突破 4000 万，单从学历角度出发，他们完全能胜任简单的票据辨认与记录工作。笔者甚至相信，高学历人士通过常年锻炼的逻辑判断能力可以支撑部分会计专业的学习。以50%的在校大学生计算，我国也会拥有2000多万潜在的众包商群体。此外，在校大学生进行平台注册，一方面可以获得收入，另一方面可以辅助实践学习，增加学习体验。

第三，白领阶层。在这里，暂且将已经走上工作岗位的大学毕业生定位为白领阶层，潜在的数量为1.5亿~2亿。其中，大多数人每天过着两点一线的简单生活，利用碎片化时间就可以实现众包微任务，并为自己的生活增加额外收入。笔者保守估计，1亿人将会成为潜在的财务共享众包商。

以上三类人群相加，估计潜在的众包商在1.3亿左右。如果赋予报酬预期值是每人每月1000元，即使将微任务定价为1元1个，这1.3亿人每个月也可以处理千亿级的财务共享众包任务，因此，财务共享服务中心的众包平台可以为数百万的大型企业解决基础核算问题。虽然众包商报酬定价是一个复杂的评估体系，但可以肯定的是，大多数人不会抗拒1分钟有1元入账的快乐，当然，这基于众包组织者能做好财务共享众包微任务。只要能设计好微任务，众包商就会大量涌入并进行注册。

（三）众包平台

众包平台是通过互联网搭建的众包市场，也是财务会计核算互联网化的体现。从严格意义上说，财务共享众包市场不止众包平台这一种实现方法，但众包平台却是互联网时代最高效、最安全、最省钱的财务共享众包市场实现方式。众包平台有两类：一类是综合性众包平台，另一类是单一性众包平台。前者的平台上可以发布各式各样的任务，后者的平台仅发布同一类属性的任务。通过互联网实现财务共享众包后，很长一段时间都建议通过单一性众包平台处理，这正是财务信息的独立性和及时性所要求的。

对于运营方来说，最为重要的是，要让众包平台变成一个中介平台，这个平台可以导入大量的任务，同时有大批人来承接任务。

财务共享服务中心如果需要在众包平台引入大量的企业客户发布任务，应积极吸引企业客户入驻平台。对于企业来说，是否会入驻这样一个众包平台，最为核心的考虑是这个平台的安全性和成本，另一个考虑的因素是价格，企业客户会对比众包平台和其自身依托财务共享服务中心运营时的成本。平台的盈利需求会导致作业成本的增加，如果最终的综合成本不能够打动用户，则难以成功实现引流。

对于众包平台来说，需要对自身接口的开放性和标准化提前做好充足的准备，通过标准化的接口方式来和差异化的平台进行对接，而且要有一定的跨界服务的能力，不仅要能够管好自身这边的接口对接，还要能够帮助客户推动其接口的开发和运用。

对于企业客户来说，非常重要的运营内容是服务支持。尽管平台起到的是一个 B2C 的对接作用，但如果平台在其中不发挥任何服务支持作用，企业客户就会对此产生极大的不满，还会导致企业客户的流失。因此，平台可以和财务共享服务中心一样建立邮箱、微信、电话等全方位的支持体系。

（四）发起任务

发起任务是众包组织者在众包闭环运行框架中的第一个行为。当众包组织者将一个核算微任务放至众包平台上，它就完成了一次任务发起。发起的微任务会以信息通知的形式告知所有众包商，并将任务完成的标准进行告知，以及确定完成任务所能获得的报酬。当众包组织者能按照财务共享众包原则设计出微任务时，就可以随时发起任务。

（五）选择任务

选择任务是众包商在众包闭环运行框架中的第一个行为。在财务共享众包环境下，众包组织者会将大量的微任务发放至众包平台，而众包商根据获得的处理权限和自身的能力选择能够胜任的各项微任务。当众包商数量较多时，会出现任务争抢行为，这时选择行为会被弱化。完美的核算微任务不会有众包商是否愿意选择的担忧。

（六）接受任务

接受任务是众包商自愿与众包组织者签订接包契约的行为表达。众包商一旦做出接受微任务的决定，就意味着认同众包组织方提供的权责条款。众包商不一定是出于获利需要而接受，也可能是完全出于好奇或者兴趣而接受。但对于核算微任务性质的众包，因任务极其简单，几乎不涉及创新，所以众包商对于此类任务大多数是出于获利目的而接受。因此，只要众包组织者能够给予具有足够吸引力的劳务报酬，那么众包商做出接受任务的行为就会成为自然而然的决定。

（七）完成任务

完成任务是众包商发出结束任务信号的行为。对于财务共享众包行为而言，众包商会按照众包组织者的要求处理账务信息，例如，进行一次发票抬头的审核、一次收据金额与分摊表的比对、一次票据粘贴单金额的汇总等。在这个任务完成的过程中，众包商会根据众包组织者提供的线上培训内容和自身认知处理任务，直至任务结束。众包商点击"完成"是向众包组织者索取报酬的指令发送。基于市场规则，众包商没有理由不执行完成行为。

（八）验证任务

验证是众包组织者、众包商和众包平台的后台程序进行众包商是否能获得报酬的判定行为。在企业的财务信息处理流程中，复查与稽查是其重要环节，因为财务信息容错率极低，交由任何人开展核算活动都需要进行查验。最理想的情况是，当众包商完成任务时，后台程序通过判定规则的设置，能够自动校验核算是否按规定进行。

当企业账务处理规则足够规范时，财务信息系统完全能够做出有效判断。当然，现实中也会有需要灵活处理的财务工作，特别是费用报销部分，同样的事物在不同的场景很可能做出不同的处理要求。当系统没有此类判断逻辑时，就需要众包组织者成立人工验证组来对这部分财务核算工作进行查验。众包组织者也可以制订众包商互相验证规则来进行验证。其实，当核算信息满足系统规则时，基本都能做到系统自动验证，这一步骤对于众包主体来说，虽然都是被动行为，但也是必须做的。

（九）报酬支付

报酬支付是众包组织者对于认可的众包商任务完成情况兑现报酬的一种行为，也是众包组织者基于契约必须承担的责任。当然，支付的方式有很多，通常情况下是在众包平台结算后，通过第三方机构完成。报酬可以按任务支付，也可以按时间段支付。核算微任务因单个任务量极少，因此单价较少，只要做好资金池准备，就能高枕无忧。

（十）盈利测试

盈利测试是众包商开启下一次众包闭环的一个保障。众包商会根据完成每个核算微任务需要的时间成本和流量成本去计算能否盈利。盈利时，会刺激众包商不断地接受新的任务。众包组织者只需要通过简单的分析就能得出众包商是否盈利的结果。盈利与否是自然发生的，众包组织者只要保持众包商处于盈利状态即可。

第六章　智能共享与企业管理会计体系

第一节　基于共享服务的数据中心构建

"数据已经成为一种商业资产、一项重要的经济投入，可以创造出新的经济利益、更高质量的价值"。大数据之父舍恩伯格在《大数据时代》一书中指出，在信息时代，数据是企业的"金矿"，是最宝贵的生产要素。

事实上，在市场环境不确定性和模糊性日益增加的当下，以"用数据支持决策、用数据强化管控"见长的数字化管理已然成为企业在经营管理过程中分析过去、把握现在、掌控未来的"利器"。

数字化管理的本质就是量化管理的精确化，它体现的是管理的科学性，摒弃的是过去依靠经营管理者的经验和能力做出判断的粗放式管理，让数据说话、用数据决策、靠数据管理。那么，数据从哪里来？企业数据中心该怎么构建？数据中心与财务共享服务中心有何关联？

一、集团级数据中心的重要性

数据中心被视为大型集团管理信息系统的"心脏"。最近几年来，随着云计算、大数据、移动互联网、智能化等信息技术的不断发展，数据中心的市场需求日益增加，大型企业、互联网巨头、政府机构纷纷建立数据中心，以满足自身业务发展与精细化管理的诉求。构建数据中心能为集团带来以下几方面价值。

第一，从技术层面来看，数据中心的建设是企业信息化建设中的必经阶段，它代表了企业信息化的方向。信息化是当今世界经济和社会发展的大趋势，对提高企业竞争力至关重要。由于企业信息涉及面广，各种应用系统常常不能有效地共享数据，不断增加的安全威胁对数据的安全性提出了挑战，急剧增长的数据量使得既有的存储容量和应用系统难以适应企业的需求，因此建设可靠性高、容量大的数据中心十分必要。

第二，从业务层面来看，数据中心是企业的业务支撑平台。数据中心的建设是支持业务发展、驱动业务增长的必然要求。数据中心建设越贴近企业的真实业务需求，越能适应业务快速发展的持续扩大，发挥的价值就越大。企业在建立数据中心时要考虑目前及未来可能存在的业务规模持续扩大、客户数量持续增多的问题。

以 D 集团为例，该集团主要涉足房地产主业及其延伸产业（包括建筑建设、酒店、绿化园林等业务），同时涉足能源、汽车、金融等其他业务。随着集团的快速发展，业务形态日益丰富，集团组织结构日益庞大和复杂。对于各级经营管理层和决策层而言，要想随时随地看到全面、真实的经营数据，先要掌握集团实际的运营情况（比如，企业开盘项目的销售情况、在建项目的资金情况），再通过预计和实际对比发现业务完成过程中的问题，并提出问题的最佳解决方案，最终推动业务顺利完成。上述诉求需要集团借助统一的数据平台，汇总整合所有数据信息，再进行多维度、多视角的分析，进而实时掌握企业业务运营过程中的关键数据。

第三，从管理层面来看，数据中心的建设实现了企业信息的高度共享和整合。通过对数据资源的整合、挖掘和转换，可以更好地为各级管理者的分析、决策提供依据。一个有效的数据中心能有效打通业务与财务之间的壁垒，解决企业内部的"信息孤岛"问题，同时把企业内部不同地域、不同部门之间的信息整合起来，让管理者可以获得及时、准确、真实、可靠、全面的数据，进而为管理者的决策分析提供高质量的基础数据。以地产企业为例，决策者最关心的是销售金额、结转收入、回款情况等指标。在建立数据中心的基础上，企业可利用商业智能系统中的数据挖掘、数据分析等技术，将这些指标在可视化的管理驾驶舱中一一呈现出来，以便决策者以此为基础制订下一步的经营计划，进而推动战略目标的顺利实现。

因此，尽快建立一个汇集不同口径、不同地域、不同来源的集团级数据中心是企业进行高效管控、科学决策的基础与前提。

然而，在实际工作中，企业要想建立一个集团级数据中心是一件非常困难的事情。有些企业虽然建立了数据中心，但只是做了简单的基础数据收集汇总工作。由于数据口径不统一，导致数出多门，同一个指标在不同部门可能有不同的计算口径，有些指标又有不同的数据来源，这些现状导致数据中心发挥的价值非常有限，不能满足业务运营、经营决策的实际需求。有的企业没有建立数据中心，没有收集数据进来，或者收集的数据不全、质量不好，更谈不上出具对管理者有用的管理报告。一方面，数据对于企业而言犹如金矿般宝贵；另一方面，在建立一个真正有用、高效的数据中心时，众多企业却无从下手。那么，应该如何建立集团级数据中心呢？

二、从财务共享服务中心到集团级数据中心

财务共享服务中心具备成为集团级数据中心的天然优势，其主要内容体现在以下方面。

首先，在基础数据收集方面，财务共享服务中心使原来分散的数据得以汇总和统一处理，为管理者的分析与决策工作收集了大量可靠、低成本的数据。一方面，财务共享服务中心汇集了所有的核算数据，并且将原本分散在不同地域、不同部门的全公司的会计核算工作集中到一个平台进行；另一方面，财务共享服务中心打通了财务和业务之间的壁垒，实现了对交易事项的集中式记录和处理，使企业从源头上掌握内部各单位的真实交易数据。

其次，在基础数据规范方面，财务共享服务中心通过流程再造，实现了交易过程的显性化和规范化，夯实了数据基础，促进了流程、管理、数据质量的规范，使企业从源头上获取真实、规范、高质量的数据，使其成为今后进行战略分析、制订管理决策的重要依据。

最后，在数据中心建设路径方面，财务共享服务中心是企业信息化平台中最贴合数据中心建设要求的系统平台，它具备成为集团级数据中心的最佳条件。财务共享服务中心可以提炼出管理者最关心的报告级数据，是管理者管控思想最基础的体现。传统数据支撑体系的问题如图6-1所示。

ERP不为管理服务　　　　偏事后的财务数据　　　财务数据与业务实质脱离

图6-1　传统数据支撑体系的问题

过去，传统财务共享服务中心集中的数据基础是对外披露的、以单体企

业核算为主的局部数据。这些数据的局限性表现在以下方面：只注重核算，忽视了分析；只有法人口径的数据，没有管理口径的数据；只有核算数据，没有业务数据；空有数据，但很难提炼出对管理决策有价值的成果。

如今，瞄准管理目标构建的高级阶段的财务共享服务中心，即财务共享3.0阶段，将集成核算数据、预算数据、资金数据、资产数据、成本数据、外部标杆数据等与高层管理和决策相关的信息，成为公司未来决策最重要的数据支持平台，为管理会计的应用奠定了重要基础。财务共享服务中心的三个阶段如图6-2所示。

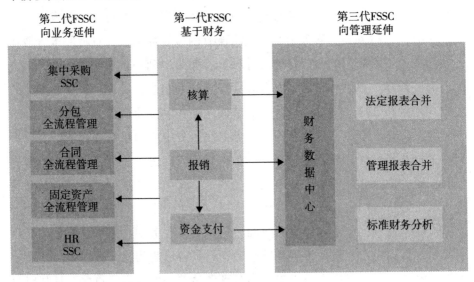

图 6-2　财务共享服务中心的三个阶段

事实上，海尔集团、华为集团等领先企业的实践充分证明，通过财务共享服务中心组建一个真实、可靠、规范、全面且基于管理目标的集团级数据中心，进而得到企业数据的全局视图，是当下符合企业需求又切实可行的集团级数据中心的最佳构建路径。

从技术层面上看，财务共享服务中心作为集团化数据中心，无论在平台架构、平台拓展还是数据集成等方面都不存在障碍；从产品层面来看，当前基于数据中心要求的成型的共享平台产品已经问世。

三、从数据中心迈向大数据平台

当前，随着大数据技术的逐渐成熟，大数据逐渐向企业运营、财务管理内部延展。当下企业所面对的数据主要可以分为三大类，即财务小数据、业务中数据、社会大数据，三者之间的关系如图 6-3 所示。

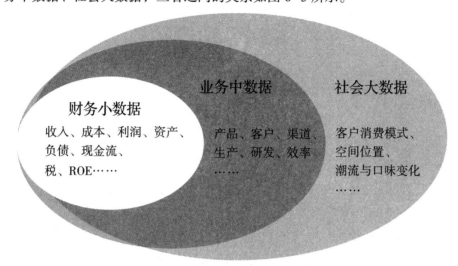

财务小数据
收入、成本、利润、资产、
负债、现金流、
税、ROE……

业务中数据
产品、客户、渠道、
生产、研发、效率
……

社会大数据
客户消费模式、
空间位置、
潮流与口味变化
……

图6-3　企业面对的三类数据

大数据时代来临，将全方位地改进企业的数据分析思路。财务小数据的变化是信息获取更加便捷，财务向业务前段延伸，增加执行管控要素；业务处理更加高效，体现为报表合并过程的快速处理；信息记录更加精准，即从交易与记录的源头标识管理会计信息，强化信息的相关性。

业务中数据的变化是有望打破部门之间的壁垒，在工业 4.0 状态下，从接单到协同、产出、交付会同步进行；更关注作业与资源能否成为真正的"业务单元"；更关注结果到过程的演进路径。这意味着随着绩效考核方法的演变，以往 KPI（关键绩效指标）、BSC（平衡计分卡）、EVA（经济增加值）都是对结果绩效的衡量，而 OKR（目标与关键成果法）改变了绩效考核的方式，它不仅关注绩效，而且关注结果。

社会大数据的演进是不可逆的浪潮。在整个行业运行过程中，企业间的壁垒变得越来越小，甚至有可能瞬间被打破；获取资源的过程和内部交易的过程都会依赖外部大数据来定义客户，完成交易。整个企业不再只是产品的制造者，而要整合外部平台。此时，企业本身的生存环境会发生重大变化。

大数据时代，将全方位地改进企业的商业模式和数据分析思路。如何充分利用和挖掘大数据、智能化技术，将财务共享服务中心从交易环节向业务环节深度延伸，将财务共享服务中心从企业内部向外部生态链延伸，成为中国企业构建的高水准的财务共享服务中心，继而构建集团级数据中心，是需要探索的关键问题。

利用"互联网＋云"搭建企业在线"商旅共享＋采购共享"平台，并且与财务共享、税务共享平台集成，构建大型集团的智能共享平台。基于"商旅共享＋采购共享＋财务共享＋税务共享"的业财税一体化智能共享平台，从后端财务向前端业务延伸，打通企业的业务流和财务流，对内覆盖全员全流程，对外覆盖价值链全程，既连接供应商、商旅、客户等，又对接银行、税务等外部系统，实现了业务流程、会计核算流程和管理流程的有机融合，实现了交易透明化、流程自动化、数据真实化。

基于业财税一体化智能共享平台的模式，将从源头打通企业内部的业务中数据、财务小数据，将企业变成数据平台，以真实、可靠、规范的高质量的信息产出为使命，再加上社会大数据，最终构建出一个集"财务小数据、业务中数据、社会大数据"于一体的集团级大数据平台，将在企业经营环境的预测、分析、决策、管控中展现出越来越重要的价值。

以 A 保险集团为例，基于互联网技术，通过智能共享平台体系的搭建，建立了内外融合的新型财务运营体系，从前端资源的获取，到企业内部的运营加工，再到数据分析和展示四套账（资源账、管理账、会计账、监管账）。A 保险集团基于业财税一体化智能共享平台形成的大数据平台，主要用于数据的存储、展示、分析和应用。前端的交易、对账、发票、付款等一系列流程均作为数据采集点，产生大量的数据资源，实时进入大数据平台进行信息的存储，通过管理维度进行归集、展示，并支持灵活的拖拽分析展示。A 保险集团通过大数据平台对四套账的展示，打造了一个 B2B（企业到外部合作伙伴）、B2G（企业到政府机构）的运营管理系统。与此同时，A 保险集团建立了基于大数据和人工智能的财务交易数据分析模型，为资源配置、科学决策提供了支撑，进而提升了信息化建设水平。

第二节　预算管理与财务共享的协同融合

一、预算管理概述

（一）预算管理的概念

预算是用来合理配置企业实物、财力、人力等资源，以保证企业既定的战略目标能够实现的一种系统的方法。通过进行预算管理工作，可以有效对企业目标实现过程的进程进行实时监控，合理分析并预测企业未来一段时间的财务情况、现金流与经营利润等内容，有效地把控成本费用的支出。

（二）预算管理的职能

1.规划职能

预算是对企业未来经营情况的预测；预算过程按照企业经营目标与职能规划将其层层分解，下达到企业各个负责部门当中。各个部门根据自身的目标做出详细的计划安排，以确保每个人都有自己的工作目标和任务，确保上级与下级工作目标的一致性。企业的每名员工都会编制自身的工作计划并且积极地投入工作中，最终实现公司的整体目标。

2.控制与监督职能

预算管理是一个严格按照设定标准进行管理的模式，它将涉及企业运营过程的方方面面。首先，预算的编制过程是对经济业务发生的提前预测，是对经济活动发生的事前控制，通过合理的分析与预测，明确企业近期的经营目标，以防止发生不必要的风险。其次，在执行预算的过程中，实施部门及上级部门可以实时监控预算完成的进度情况，并且判定其是否符合预算标准，对于出现的与预算目标不符的特殊事项则使其进入特殊批准渠道，判断其是否需要调整，通过这种事中控制来保证在预算实施过程中预算目标的实现。最后，预算管理的最后一个环节是对预算实施结果的分析与考评，在分析的过程中披露本次工作中存在的缺陷与不足，分析实际工作与预算目标出现偏差的原因，落实责任，更好地部署工作，实现事后控制。

3.考核激励职能

预算目标的设定是对企业具体经营目标的合理预测，要将其落实到每一位员工的工作内容中，让每位员工根据自己的任务目标制订工作计划，到了期末可以根据完成工作的进度与质量对员工的工作情况进行考核与评价，并根据评价结果合理地对员工进行奖励与惩罚。通过绩效考评可以激发员工的工作热情和潜在能力，促使企业全体员工不断提高自己，将个人价值的实现同公司战略目标的实现相关联，从而为企业做出贡献。

（三）预算管理的流程

预算管理工作的实施应该包含以下几个流程：首先，确定预算目标，在明确目标的基础上，各个部门根据自己的实际情况编制未来一段时间的预算计划，汇总完成后上报管理层进行审批和下达；其次，企业在该时段内的经营运行都需执行预算标准，监管部门实时对其进行监控，保证预算的执行，若发生特殊情况，则需进行特殊批示和调整；最后，根据预算执行情况及人员预算目标的完成进度，对预算管理整体进行分析和考评。由此可见，整个预算管理体系的运行对加强内部控制、提升整体经营效率具有重要意义。

根据企业的战略发展要求，制订预算管理目标，从企业整体需求出发，涉及企业发展的方方面面，同时考虑到企业所处的内外部环境，明确预算管理的范围，根据实际情况需要考虑目标制订的可行性。在确定预算目标后，需要根据所要达到的目标编制具体的预算内容。预算的编制过程一般采用自上而下、自下而上、全员参与的方式。上级部门在决策层面提出相应的企业总体目标，包括销售目标、费用额度、利润目标以及各种筹资、投资计划等。各部门根据自己所负责的部分，考虑到各种不确定性因素，做出相应的计划安排，确保在下一阶段可以使计划合理、有效地实施并完成，同时各部门需要将具体实施计划上报上级部门进行批示，真正做到上下级信息有效流通、全员参与到企业的经营管理当中，如图6-4所示。

预算编制的计划下发至各个部门，而各个部门在工作期间即按照预算标准进行执行，并严格把控预算实施的过程，监督各个环节的执行情况，若出现特殊情况，及时上报有关部门并让其进行调整，以保证预算执行的过程顺利完成。执行与控制过程中的数据信息均会被记录，同时预算完成结果也会被汇总，企业将以上信息进行分析和汇报，及时反馈结果，若出现异常情况，要及时调整战略，提出改进措施，避免以后出现类似的漏洞，为下一期预算管理做好基础。预算管理通过对期末企业预算执行情况进行分析与考评，可以有效地帮助企业完善预算管理体系，提高企业管理水平。预算管理具体流程如图6-4所示。

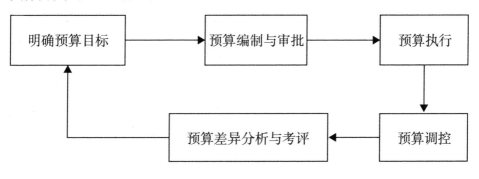

图6-4　预算管理流程

财务共享服务是新型财务管理模式，而预算管理是企业必备的管理过程。财务共享服务基于信息技术系统，是一个统一标准化的控制流程，具备高效、便捷的功能。实施预算的目的是有效控制企业成本费用的耗费，降低成本，与企业经营战略目标相吻合，而通过财务共享服务可以保证预算执行的合理性、合规性，二者在企业的经营管理中必不可少，所以理论上二者拥有一定的协同性，具备部分功能融合的基础。

二、预算管理与财务共享服务融合的可行性分析

（一）战略可行性

要想实施预算管理，首先要制订科学合理的预算目标，而预算目标的制订是依据企业的整体战略方向、发展目标而言的。制订预算目标，能够使企业对业务开展、项目施工等活动的资金流动进行有效的把控和跟踪，从而制

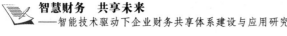

订最佳的发展战略，促进企业战略目标的实现。企业在构建财务共享服务中心的过程中，首要工作是制订财务共享服务中心的战略定位，其能推动企业战略目标及预算目标的制订和实现，进而大大提高企业对业务、资金流程的有效监管。因此，预算管理和财务共享服务的目标具有高度的一致性，从而在理论基础上能够保证二者之间的融合。

（二）技术可行性

如今信息技术已经被广泛应用到企业的日常管理中。很多集团已经建立了自己的财务共享服务中心，它可以使集团在对财务活动的处理方面更加高效便捷，为集团提供更高质量的财务信息，使企业的业务决策更加科学。由于财务共享服务的引进，企业的财务管理工作日趋完善。通常，建立基于财务共享服务模式的全面预算管理要借助以下几项技术。

第一，智能化识别技术。智能化识别技术包括票据影像识别、文字识别等。集团采用智能化识别技术将企业的会计凭证、签订的合同、客户信息等收集到财务共享服务中心数据库当中，减少了财务人员在日常工作中的重复性操作，而且这项技术可以提高数据处理的准确度，提高员工日常工作效率。

第二，大数据处理技术。数据源的多样性、冗余性会影响我们最后的判断，因此在大数据库中，我们需要对数据进行预处理来提高数据的质量。在财务共享服务中心录入的数据就是我们未来判断的依据。我们可以利用强大的数据的提取与管理功能来完成对预算目标的制订。

第三，应用集成技术。利用应用集成技术，让集团内的子公司通过网络将预算申请等传递到财务共享服务中心的总服务器上，这样通过数据处理可以对子公司发生的变化做出及时的反应，保证传递信息的时效性。

总之，一方面，财务共享服务中心能够通过云计算、大数据技术对企业资源进行动态分配和管理；另一方面，信息技术的发展大大提高了企业各种数据的集中程度。企业借助云计算技术实现数据信息的多维度分析和挖掘，如预算编制、业务整合等，同时，信息技术的发展大大提高了信息的传递效率和共享范围，最大限度地发挥信息的自身价值。因此，信息技术是实现预算管理与财务共享服务融合的重要条件。

（三）管理可行性

随着集团规模的不断扩大，管理成本在企业中占有重要的地位，因此降低管理成本成为企业日常经营中的主要目标之一。预算管理是一项工程浩大的活动，涉及的层级复杂，执行效率低，执行成本高。财务共享服务模式可以降低企业的日常管理成本，如果企业已经建立较为完善的财务共享服务中心，那么在将全面预算管理活动与其相结合时无须再次投入大量的初始成本。一方面，与传统模式的预算管理相比，基于财务共享服务模式下的全面预算管理有以下两个优势：一是减少重复性作业的成本。原来的预算管理是点对点的模式，而现在的预算管理是流水线的作业模式，这样的模式更适合于集团的一体化管理，降低了预算管理的成本。二是现在的预算管理采用的是作业集中处理的模式，因此不必在每个分公司都配备预算人员，专家相对集中在财务共享服务中心，人员的减少也降低了管理成本。此外，基于财务共享服务模式的全面预算管理可以采用分层的应用体系架构，这样即使子公司处于离财务共享服务中心很远的地理位置，也可以进行有效的预算管理，因此财务共享服务中心就可以设立在成本较低的地理位置，这在很大程度上也降低了企业的运营成本。

全面预算管理具有全面化、全员性参与的特征，可以保障企业的整体控制性，因此各个大中型企业都在推行全面预算管理。将全面预算管理纳入财务共享服务中心，就可以利用财务共享服务中心的传递效率，使全面预算管理这项工作更加有效率，真正实现整体管控与实时管控。

集团将全面预算管理纳入财务共享服务中心需要具有以下功能：第一，在财务共享服务中心应该建立一个全面预算管理的信息管理平台，将该平台接入财务共享服务中心的数据库，并且全面预算管理信息平台要涵盖全面预算的所有流程，包括预算编制、预算审批、预算执行、预算考评的所有步骤，这样可以保障全面预算管理有效实施。第二，全面预算管理中的预算编制流程需要大量数据，而财务共享服务中心应自动录入其所需要的数据，并且财务共享服务中心可以根据以往每年的预算报表自动生成新的预算报表，根据系统内的数据更新进行滚动预算。在整个过程中，集团的各个子公司可以在财务共享服务中心获取这些信息。第三，要建立完善的控制机制。关于预算的数据都是集团的机密，但财务共享服务中心的数据资料对员工都是共享的，因此要设立人员的权限，保障信息安全，建立惩罚机制，确保全面预算管理有效执行。

第三节　智能财务共享模式下企业管理会计报告优化策略

一、管理会计报告的内涵

管理会计是会计的重要分支，主要服务于单位（包括企业和行政事业单位）内部管理需要，是通过利用相关信息，有机融合财务与业务活动，在单位规划、决策、控制和评价等方面发挥重要作用的管理活动。企业管理会计报告是指企业运用管理会计方法，根据财务和业务的基础信息加工整理形成的，满足企业管理需要的对内报告。高质量的内部管理报告应做到服务战略决策，保障战略计划对关键成功因素的挖掘，确定执行方案和财务绩效衡量标准，并建立战略目标监控系统。

管理会计和企业管理一样都需要进行 PDCA 闭环管理，包括事前、事中和事后三个阶段，如预算管理的闭环包括预算的编制与下达、执行监控、分析与考核等阶段，所以管理会计报告按照事前、事中和事后三个阶段发挥的作用如下。

第一，战略规则与决策支持。企业是一个"战略制订—战略实施（包括计划、组织、协调、指挥与控制）—战略调整（包括反馈）—战略实施"无限循环的主体。作为企业的决策支持系统，管理会计是企业经营管理流程中的重要组成部分。在企业战略制订和实施的过程中，管理者可以通过管理会计报告从解释过去的经营结果，到面向未来的战略决策支持。

第二，运营过程中的管控。企业在确定战略目标时，由于存在经营环境的复杂性、战略目标的合理性以及个人目标与组织目标不一致等问题，会在经营过程中偏离战略目标。企业的经营活动需要投入资源，而为了计算出资源的投入产出效率，企业管理者必须对经营状况有深入的了解。企业管理者只有抓住了运营的过程，才能抓住战略目标，放弃过程，就是放弃战略目标。

第三，运营结果的业绩评价。为了确保企业战略目标的正常实施，企业有关部门需要按照预定的标准和评估程序，采用科学的评估方法，对业务单位和职能部门进行评估。其中，管理会计报告为考评部门和员工的工作绩效提供了依据；此外，对经营成果进行及时的评价有助于调动管理者和员工的工作积极性。

二、智能财务共享模式下管理会计报告优化可行性分析

（一）财务共享模式的构建

财务共享模式实现了企业信息的高度共享和整合，通过对数据资源的整合、挖掘和转换，可以更好地为各级管理者的分析、决策提供依据。一个统一的数据中心能有效打通业务与财务之间的壁垒，解决企业内部的信息孤岛问题，同时把企业内部不同部门的信息整合起来，让管理者可以获得及时、准确、真实、可靠、全面的数据，进而为管理者的决策分析提供高质量的基础数据。

财务共享模式是管理会计建设的基础，为基于智能化的管理会计报告生成优化提供了平台。财务共享模式形成了一个财务数据平台，考虑了数据口径、力度对未来管理会计报告生成的重要性，既考虑到其本身的建设需求，又考虑到未来管理会计报告生成的信息化扩展需求。因此，财务共享模式是实现智能化的管理会计报告生成优化可行性的基石。

（二）智能技术的成熟

智能化技术的成熟推动着企业财务共享服务中心的转型与升级，使企业得以回归以交易管理为核心的运营本质。

近年来，RPA、大数据、区块链等智能技术不断成熟，有条不紊地推动着各财务业务板块流程、内容的优化。很多企业利用智能化技术，从解放人力、提高效率等方面进行了优化，取得了较大成果。目前，管理会计报告因为设计环节较多，数据准确性、有效性、预测与决策方面的功能欠佳。同时，管理会计报告生成流程较为繁复，强调一定的时效性，因此，引入智能

化技术来科学优化管理会计报告势在必行。

智能财务共享模式下企业管理会计报告生成与传递的技术框架主要包括数据源、数据储存、数据处理、数据挖掘、生成报告、发送报告和储存报告等，具体如图6-5所示。

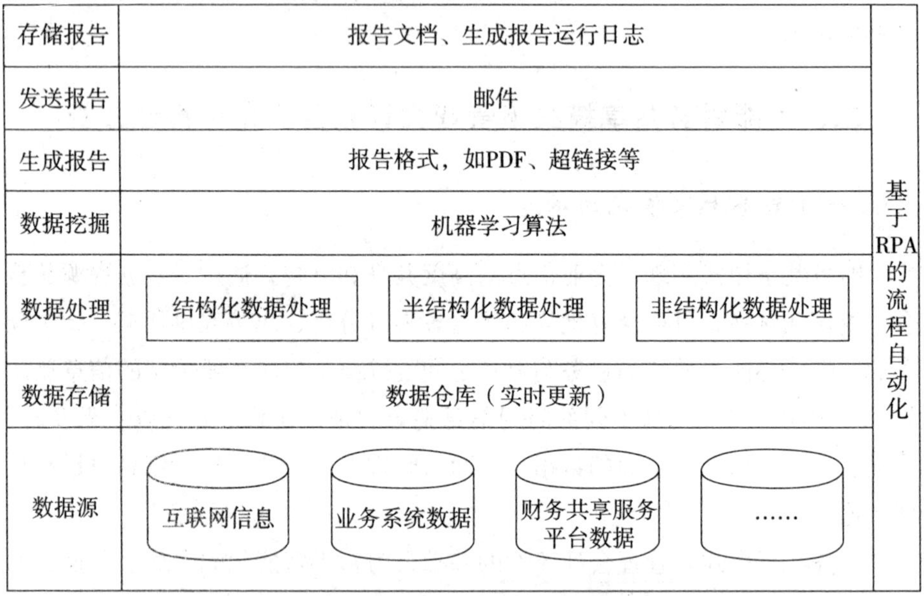

存储报告	报告文档、生成报告运行日志			基于RPA的流程自动化
发送报告	邮件			
生成报告	报告格式，如PDF、超链接等			
数据挖掘	机器学习算法			
数据处理	结构化数据处理	半结构化数据处理	非结构化数据处理	
数据存储	数据仓库（实时更新）			
数据源	互联网信息	业务系统数据	财务共享服务平台数据 ······	

图6-5　智能财务共享模式下企业管理会计报告生成与传递的技术框架

数据源是企业管理会计报告生成与优化的基础，它提供了最原始的数据信息，主要包括企业自身的财务系统数据、财务共享服务平台的数据、互联网信息以及其他数据信息。

数据储存为企业管理会计报告生成的实时性提供了可行性。数据仓库实时提取来自数据源的数据，并进行实时更新，保障了管理会计报告生成数据的时效性。

数据处理是根据企业管理会计报告需求进行操作的。例如，先生成战略层管理会计报告、经营层管理会计报告或者业务层管理会计报告，然后将数据仓库里面的数据提取出来，进行预处理，包括处理缺失值、属性编码、数据标准化、正则化、特征选取等操作。其主要包括对结构化数据的处理，如管理会计报表中直接的数据；对半结构化数据的处理，如数据库中的文本、图形或者图像数据；非结构化数据的处理，指数据结构不规则或不完整的数据信息，如邮件信息、聊天记录以及网上搜集到的调查结果。在此过程中，要保障数据的相关性、全面性、一致性，为数据挖掘做好铺垫。

数据挖掘是企业管理会计报告智能化的关键。通过数据挖掘相关算法将海量数据转换成管理会计报告中的有效信息，这是优化管理会计报告生成的关键。回归分析、聚类、关联规则、特征、变化和偏差分析、Web 页挖掘等是利用数据挖掘进行数据分析的常用方法。

生成报告是指管理会计报告生成格式，如 PDF、超链接等生成格式。

发送报告是利用 RPA 将生成的报告发送至报告需求者对应的邮箱。

储存报告是指将报告进行备份，与此同时，储存的内容还包含管理会计报告生成的流程自动化日志等信息。

三、智能财务共享模式下管理会计报告优化需求分析

智能财务共享模式下管理会计报告优化需求分析如图 6-6 所示。

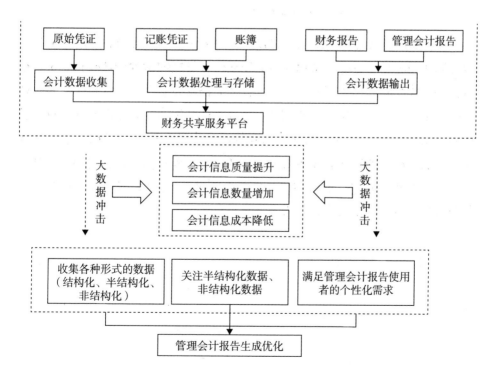

图 6-6 智能财务共享模式下管理会计报告优化需求分析

（一）内容优化需求分析

1. 增强信息的准确性

管理会计报告离不开信息，而有用信息来自对数据的收集整合、分析处理以及灵活多样化的展现。虽然很多企业上线了财务核算、合并财务报表等系统，但在管理会计报告的生成流程中，大部分还是人工在进行操作，财务共享服务中心仅负责管理会计报表的填报，而其他相关事宜，包括最后财务报告的生成，均由其分公司的财务部门进行处理。管理会计报告编制过程中，工作量较大，人工参与的环节较多，加上财务共享服务中心平台仅可以共享数据，较多事宜（如数据稽核、分析等）仍由人工进行处理，不可避免地造成报告内容缺失、数据错误、信息误判。此外，由于人为干预环节较多，可能会出现财务人员或者利益相关者为掩盖、粉饰某些客观事实，编制虚假的报告消息，导致领导层做出错误的财务决策，对企业造成不可估量的经济损失。

2. 增强管理会计报告的系统性

企业管理会计报告缺乏统一规范，各分公司、项目部百花齐放，根据自身情况有一些专项分析，却没有一套完整的分层级的管理会计报告体系，报告内容系统性差。基于智能财务共享模式和商业智能技术，应构建管理会计报告体系的内容。从实现企业实际战略目标的角度来看，应将各级管理人员的管理结构、数据依据、发展阶段和信息需求结合起来，形成一个面向基层、中层、高层的管理会计报表体系。按照企业管理会计报告使用者所处的层级，可系统地将管理会计报告分为三个层级：战略层、经营层及业务层。优化后的管理会计报告内容如表 6-1 所示。

表6-1　企业优化后的管理会计报告内容

报告层级	报告对象	报告内容	主要包含报告名称
战略层	公司股东大会、董事会、监事会等	反映战略目标制订、战略规划、战略执行与战略评价等过程产生的信息等，主要包括战略管理报告、综合业绩报告、经营分析报告、风险管理报告和重大事项报告等	战略管理报告、综合业绩报告、价值创造报告、经营分析报告、风险分析报告、重大事项报告、例外事项报告
经营层	总经理、副总经理、财务总监、总工程师等	经营层管理者进行经营决策时所需要的信息，包括预算管理报告、投融资分析报告、盈利分析报告、资金管理报告、成本管理报告和业绩评价报告等	全面预算管理报告、投资分析报告、项目可行性报告、融资分析报告、盈利分析报告、营运资金管理报告、成本管理报告、绩效评价报告
业务层	公司业务部门、职能部门	采购、生产、销售及辅助业务等，包括生产业务报告、采购业务报告、销售业务报告等	采购业务报告、生产业务报告、销售业务报告、人力资源报告

第一，战略层管理会计报告。公司股东大会、董事会和监事会等治理机构是战略层管理会计报告的使用者。战略层管理会计报告应当由企业的经营层进行编制。报告类型通常包含常规与非常规两种。报告的内容应当简洁直观并且易于理解，具体包含原因、结果与预测建议等。

第二，经营层管理会计报告。经营层的管理会计报告主要回顾上一阶段管理决策的实施情况，对当前经营目标的实施情况进行评价，分析当前经营结果的差异及其原因、经营的内外部环境、主要风险，以及研究下一阶段的经营目标和管理措施。报告内容应包括全面的预算管理报告、投融资分析报告、项目可行性报告、财务分析报告、盈利能力分析报告、资金管理报告、成本管理报告、绩效评估报告。编制该报告的目的在于揭示公司在某一特定时期内的运作和管理过程中遇到的问题，为未来的发展创造价值。

第三，业务层管理会计报告。业务层管理会计报告提供了最原始、详细的信息，它涉及企业生产经营的各个方面。同时，业务层管理会计报告为战略管理会计报告提供数据和信息。业务层管理会计报告的内容包括采购业务报告、生产业务报告、销售业务报告和人力资源报告等。

3.增强管理会计报告的实用性

要想使管理会计报告的实用性得到有效发挥，首先应当设立一个专门的管理会计部门，给管理会计充分的发展空间。其次，管理会计报告的负责人是否能够发挥管理会计报告的优势也是能否发挥其实用性的关键。负责人需要合理控制企业的成本，创造利润。最后，企业应当以管理会计报告作为参考，重视对人力资源、内外部环境的分析。在成本效益原则的指导下，公司各级部门应共同努力，明确需要按其所属类别进行信息收集，并对信息进行进一步甄别和核实，确保信息的有用性和真实性，提高信息收集的质量。此外，收集信息时不仅要注意财务信息，还要注意非财务信息；既要关注企业内部信息，又要关注企业外部信息，例如，宏观环境变化、市场需求。从内部和外部收集信息，能够更好地促进企业战略目标的实现。

（二）生成流程优化需求分析

会计的价值体现为通过合理的方法和专业的语言反映企业的经营现状和财务状况，从而为信息使用者提供对决策有用的信息。会计信息质量对信息使用者的决策起着关键的作用，主要包括可靠性、相关性、可理解性、可比性、实质重于形式、重要性、谨慎性、及时性。所需的会计信息量为投资者提供了尽可能多的信息，以降低信息不对称的程度，减少决策中的不确定性。会计信息质量是会计信息的基础，而会计信息成本很大程度上关系到会计信息的质量。企业应将重要的层级信息放在会计报告的管理工作中，并确保关键的、紧急的信息以正确的方式传达给相应的层级、相应的部门；此外，要构建高效的传输系统，优化数据交换平台，加强跨部门信息的整合和共享，减少信息冗余，提高信息的准确性，提高传输信息的效率。

四、基于区块链的管理会计报告体系构建

（一）区块链的主要特点

1.去中心化

区块链的特殊之处就在于它不同于传统互联网需要中心网络或者服务器来连接，它是一个网络状的连接结构。它不依赖任何第三方或者中心机构，而是将信息分布储存在网络上的各个节点，而这些节点在网络上具有相同的地位，共同对信息进行收集、确认和传递。在这种模式下，各个节点之间相互独立并存储有完整的信息备份，即使一个节点或多个节点出现问题，也不会影响网络上信息的完整性，这也使得基于区块链储存的数据具有高度的安全可靠性，并且不易受到外界的影响。

2.高度信任机制

高度信任机制来源于区块链本身的特点，因为区块链具有去中心化特点，各个节点都参与到信息的收集和确认的过程中，节点之间通过非对称机密技术进行签名验证，任何虚假和恶意信息都将受到其他节点的排斥和拒绝。这种方式有效降低了信任风险，保证区块链中的信息具有高度的可靠性和真实性。

3.可追溯性

区块链中的区块由区块头和区块体构成，而每个区块头都包括一个时间戳。这些时间戳通过哈希算法的方式相连接，具有很强的关联性，使得每个区块都可以追溯到前面任何区块的信息。

4.共识机制

共识机制是指在整个区块链各个节点之间达成共识的机制。一项交易是否能达成共识并记录在区块链上，是由区块链的运作原理来决定的。当交易发生时，由区块链上的各个节点进行验证并记录，不需要中心机构来鉴定，只有超过51%的节点进行确认，该笔交易才会被记录在区块链的各个节点中。这种方式有利于保证交易的真实性，防止虚假交易的发生。

（二）区块链技术下管理会计信息的生成与传递

管理会计报告作为企业内部报告，是在企业内部大量数据的基础上进行分析报告，从而发挥分析过去、把握现在并预测未来的功能，进而服务于企业决策与价值创造。管理会计报告的流程实际上是管理会计信息生成的过程，具体包括信息收集、传递、处理及报告。在这一过程中，传统的管理会计工作在数据的收集、处理、传递和报告方面并没有充分保证数据的及时性、可追溯性、安全性等，导致企业即使有了完备的管理会计报告体系也不能充分发挥其应有的功能。为了保证管理会计报告实现其决策支持和价值创造功能，本节基于区块链技术对管理会计报告体系进行重新构建，通过引入区块链技术重新构建企业管理会计信息收集、传递、反馈和评估流程，增强管理会计报告的真实性、及时性及准确性，进而提高企业经营管理效率。基于这一理念，本节将区块链信息生成与传递流程分为五个层面：物理层、定义层、网络层、协同层、应用层。

区块链采用 P2P 网络广播技术，需要参与者具有一定的计算能力、储存能力，以及在网络中具有足够多的认证节点。在企业内部，企业所有的业务都将被纳入区块链网络中，所有的部门也将通过区块链联结在一起，实现信息互通互享。这种方式打破了传统企业中各部门相互独立的现状，提高了部门之间的信息沟通效率及协同效率。在企业区块链中，管理会计数据分布储存于区块链运行体系之中，并不由各个部门中心单独储存，但是，所有部门都可以通过授权访问区块链上的数据，这样大大降低了信息不对称和不完全带来的风险，确保区块链上信息真实、可靠及可追溯，具体如图 6-7 所示。

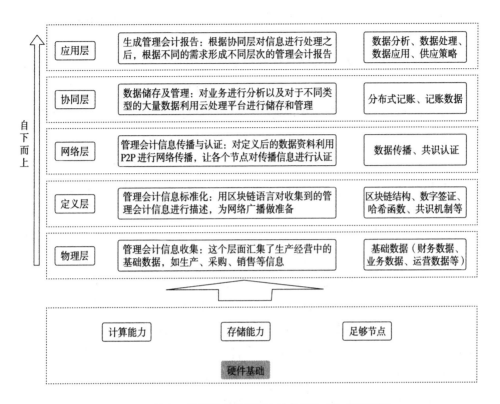

图6-7 基于区块链技术的管理会计信息生成与传递流程

第一，物理层。这个层次主要是对管理会计报告所需要的信息进行收集。在大数据时代，企业的信息也呈现出来源多样化、类型复杂化及容量巨大化等特点。在传统管理报告体系中，企业管理会计报告信息多来源于企业内部并且大多是结构化数据，对于非结构化数据以及企业外部大量信息的利用并不充分。区块链技术的出现为企业数据的获取提供了巨大的便利。一方面，区块链分布式记账的特点使得企业可以充分利用企业内外部的财务信息、业务信息等，其中，业务信息主要包括签约进程、履约进度等，如业务订单信息、合同执行情况信息、销售人员变动信息、生产进度情况表；财务信息主要包括生产成本信息、收入信息、采购信息等。另一方面，企业可以通过区块链技术充分利用非结构化数据及半结构化数据，将这些数据登记在区块链上并进行广播，分布式储存在区块链中。

第二，定义层。这个层次是将实体层的各种管理会计信息，利用区块链技术语言进行定义，这些定义包括区块链结构、数字签名、时间戳、哈希算法、共识机制、非对称加密等。定义之后，定义层将这些转化后的信息统一录入区块链系统，将企业各种信息进行标准化处理，使企业各类信息通过区块链结构表现出来。区块链定义模式实现了数据标准化，大大提高了部门之间信息传递和交流的效率以及数据处理的效率，也促进了财务信息与业务信息的进一步融合。

第三，网络层。根据区块链技术的定义，这个层面将会对前两个层面传来的信息利用P2P网络进行全网广播，通过全网广播，让区块链上各个节点对传播的信息进行验证，确保传递的信息真实可靠。例如，当形成业务信息时，会在全网进行广播，因为许多信息已经在某些节点进行了分布式记账（如客户信息、供应商信息、竞争对手信息等），所以后续不需要信息收集，可直接进行信息验证。验证通过的信息将形成新的区块进入协同层进行分类储存。

第四，协同层。这个层次主要负责区块链上经过认证后的数据的储存和管理。经过前面三个层次，企业中的管理会计数据经历了数据的收集、区块链处理及全网认证。这些信息的真实性和可靠性得到了极大的保证，但是由于企业部门较多、业务复杂以及信息的来源多样化，区块链将通过聚类分析、决策树分析、时间序列分析等将数据进行分类，为管理会计报告的生成提供前提条件。这些信息可以分为经营战略类、经营预算类、经营规划类、经营策划类、业绩考核类五种类型。

第五，应用层。根据协同层对数据进行处理分类后的结果形成多维度的业财融合管理会计报告体系。在区块链技术支持下，管理会计报告体系具有极大的灵活性，具体表现为没有固定的报告格式和报告时间。决策者可以根据自己的需求及时间要求，结合智能合约技术生成不同领域的管理会计报告，并据此做出经营决策。这种管理会计报告的生成方式极大地提高了管理会计信息的相关性，进而发挥了管理会计信息的决策支持和价值创造功能。例如，若管理者需要了解企业成本信息，就可以设置智能合约条件，系统将自动调用区块链上的数据并生成多维度成本分析报告，其中包括成本动因分析、成本归集与分配、成本投入等；若管理者需要了解预算相关信息，可以生成预算管理会计报告，其中包括收入预算报告、成本预算报告、费用预算报告等。

（三）基于区块链的多维度业财融合管理会计报告体系设计

根据组织理论，高效运营的组织依赖一定的组织分层；根据企业实践，企业通过分工呈现出企业层级关系，这种企业层级关系又有利于提高企业生产效率；根据分工理论，企业中由于分工地位不同，对于信息的需求也有很大差异。基于此，本节以区块链为基础，将组织分为战略层、经营层和作业层三个层面，每个层面形成一个单独的报告主体。在此体系中，尽可能地将各个层次的决策信息需求与信息相匹配，以提高管理会计信息的相关性以及发挥决策支持功能，具体如图 6-8 所示。

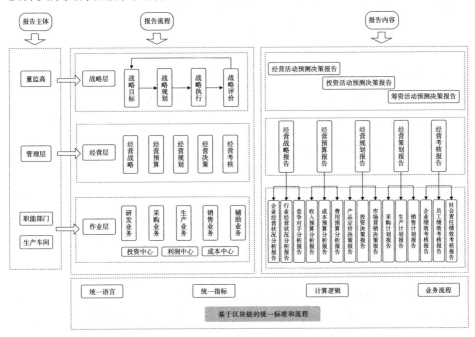

图 6-8　基于区块链的多维度业财融合管理会计报告体系

通过引入区块链技术构建管理会计报告体系，将不同部门的数据都汇总到区块链平台上，并对财务、销售及生产等部门的数据进行整合。区块链平台对企业数据设置统一语言、统一指标、统一数据结构及统一计算逻辑。基于区块链的管理会计报告框架，企业设置一套集团层面的统一的管理会计报告指标库，指标库中涵盖了企业财务类、运营类、业务类等指标，为后期管理会计报告的生成提供了规范标准。将企业信息录入区块链之后，管理者可以根据自身的需要随时调用区块链上的指标，形成管理者决策需要的管理会计报告。这种方式大大增强了管理会计报告的针对性和相关性。

（四）区块链下管理会计报告体系内外部信息生成和传递方式

大数据时代的管理会计工作建立在海量信息上。对于外部信息，虽然市场上每个企业都将数据储存在一个集中的数据库，但是每个企业处理数据的方式不一样，数据结构也不同，使得企业利用外部信息时需要花费很高的信息成本，不符合成本效益原则。很多企业因此放弃使用企业外部信息，这就降低了管理会计报告的相关性。对于企业内部信息，不同的部门、不同层级对于信息的处理和储存方式都不一样，且这些数据很多只是为了单一层级或者单一部门服务。这就使得高层对信息检索的效率大打折扣，同时会产生许多低效率信息。

基于此，为了高效率收集、传递与处理管理会计体系中的管理会计信息，本节利用区块链技术对企业内外部信息的生成与传递方式进行了改变。

对于外部资料，在整个市场中，不同的企业作为独立认证主体（区块链节点）而相互连接在一起。由于外部信息属于不同的认证主体，直接在区块链上记录外部数据是不可行的。这时，若企业需要利用外部信息，如供应方资产、负债、规模、物流能力等，就会向外部数据中心发送数据需求。外部数据中心对企业的信息需求进行分析处理后将进行数据采集和处理，最终反馈给企业（信息来源、信息时间、数据结构等），随后企业将返回的信息进行全网广播认证以及分布式记账。由于市场上交易频繁，某些供应商的信息已经经过了前面的流程并进行了分布式记账，当市场再需要相关信息时，企业可以直接从区块链系统中调取信息，不用再一次计算分析，避免因多次查询导致信息的获取成本增高。这种方式为企业快速获取外部信息提供了极大便利，而且全网广播认证制度也降低了由于外部主体主观意愿造成的信息不对称以及逆向选择风险。基于区块链的外部信息获取流程如图6-9所示。

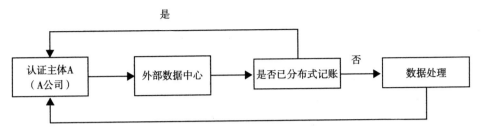

图 6-9　基于区块链的外部信息获取流程

　　对于内部资料，企业日常业务活动中会形成大量的基础资料，如供应商信息、采购订单信息、采购资金信息、采购成本费用信息等。在区块链平台上，这些资料不用通过复杂烦琐的层层审批才能上报，可通过内部区块链平台进行输入，将其转换为区块链语言进行全网广播。全网各个节点利用其自身备份的账本对该信息进行检查和验证，通过验证的信息将会盖上时间戳形成新的区块，并且会连接在一起。这些信息通过分析处理形成企业层面的指标库数据。当然，新区块也会进行备份，这样可以有效防止数据被篡改。区块链的时间戳技术保证了区块上信息按照时间顺序排列。一个区块改变将会导致全网各个节点信息不一致，这种改变将会被全网拒绝，使得造假更不可能存在。最后，区块链将这些信息全部转化为企业管理层面的管理会计指标，储存在管理会计报告指标库，这为管理会计报告的生成提供了极大便利。

参考文献

[1] 付建华 . 财务共享 [M]. 上海：立信会计出版社，2019.

[2] 徐志敏，邵雅丽 . 云计算背景下的财务共享服务中心建设研究 [M]. 长春：吉林人民出版社，2019.

[3] 卢闯 . 财务共享 [M]. 广州：广东经济出版社，2019.

[4] 石贵泉，宋国荣 . 智能财务共享 [M]. 北京：高等教育出版社，2021.

[5] 田高良 . 财务共享理论与实务 [M]. 北京：高等教育出版社，2020.

[6] 陈平 . 财务共享服务 [M]. 成都：西南财经大学出版社，2020.

[7] 贾小强，郝宇晓，卢闯 . 财务共享的智能化升级 [M]. 北京：人民邮电出版社，2020.

[8] 顾德军 . 财务共享理论与实践研究 [M]. 合肥：合肥工业大学出版社，2019.

[9] 王兴山 . 数字化转型中的财务共享 [M]. 北京：电子工业出版社，2018.

[10] 陈明灿，王娟，宋瑞 . 大数据环境下的财务共享 [M]. 天津：天津科学技术出版社，2018.

[11] 郭超 . 基于财务共享的业财融合问题研究 [M]. 长春：吉林教育出版社，2020.

[12] 张庆龙，董皓，潘丽靖 . 财务转型大趋势基于财务共享与司库的认知 [M]. 北京：电子工业出版社，2018.

[13] 陈虎 . 重新开始财务共享、财务转型、财务智能化 [M]. 北京：中国财政经济出版社，2017.

[14] 张庆龙，聂兴凯，潘丽靖 . 中国财务共享服务中心典型案例 [M]. 北京：电子工业出版社，2016.

[15] 陈剑，梅震 . 构建财务共享服务中心：管理咨询→系统落地→运营提升 [M]. 北京：清华大学出版社，2017.

[16] 张庆龙，潘丽靖，张羽瑶.财务转型始于共享服务 [M].北京：中国财政经济出版社，2015.

[17] 李闻一，刘姣，卢文.财务共享服务中心建设的回顾、趋势与建议 [J].会计之友，2020（09）：14-20.

[18] 朱建明，郝奕博，宋彪.基于区块链的财务共享模式及其效益分析 [J].经济问题，2019（10）：113-120.

[19] 吴丽梅，丁洁，王深芑.基于区块链技术的财务共享模式架构 [J] 会计之友，2019（02）：149-154.

[20] 李闻一，朱媛媛，刘梅玲.财务共享服务中心服务质量研究 [J].会计研究，2017（04）：59-65，96.

[21] 唐琦，姚晓林，官毅."大智移云"背景下 RPA 在财务共享服务中心的应用探索 [J].商业会计，2019（24）：118-121.

[22] 李闻一，于文杰，李菊花.智能财务共享的选择、实现要素和路径 [J].会计之友，2019（08）：115-121.

[23] 程平，王健俊.基于 RPA 的财务共享服务中心应付账款流程优化研究 [J].会计之友，2018（19）：154-160.

[24] 程平，纪薇.基于 RPA 的财务共享服务中心应收管理优化研究 [J].会计之友，2018（15）：153-157.

[25] 程平，张洪霜.基于 RPA 的财务共享服务中心税务管理优化研究 [J].会计之友，2018（14）：145-148.

[26] 程平，王文怡.基于 RPA 的财务共享服务中心费用报销优化研究 [J].会计之友，2018（13）：146-151.

[27] 虞富荣，陈叶明.规则引擎财务机器人技术驱动下的财务共享智能化升级运用研究——以差旅规则的自动化控制为例 [J].商业会计，2021（19）：98-101.

[28] 柴晓星.智能时代下财务信息化概念框架的构建 [J].生产力研究，2019（10）：145-149，155.

[29] 金宇.大数据背景下会计档案电子化管理的路径优化研究 [J].经济问题，2019（05）：100-104.

[30] 余华飞.基于大数据智能化财务共享服务中心运营管理分析 [J].冶金财会，

2021，40（06）：25-28.

[31] 杨茜雅. 会计档案电子化助力财务管理转型——中国联通在全国率先推行会计档案电子化管理试点工作 [J]. 中国档案，2015（02）：25-27.

[32] 宋建琦. 信息化视角下企业预算管理与财务共享服务协同融合 [J]. 财会通讯，2018（29）：92-96.

[33] 范志英. 共享服务模式下投资项目预算管理体系构建 [J]. 财会通讯，2018（20）：92-95.

[34] 屈涛. 立足共享服务构建集团级企业数据中心 [J]. 管理会计研究，2019，2（02）：81-85，88.

[35] 丁淑芹. 区块链思维下的财务共享实现路径研究 [J]. 财会月刊，2019（07）：171-176.

[36] 孙玥璠，马国芳. 财务众包："互联网+"背景下共享经济新模式探索 [J]. 经济研究参考，2019（01）：124-128.

[37] 胡重毅. 会计众包——基于财务共享服务的再进化 [J]. 现代商业，2018（12）：116-117.

[38] 张庆龙，王泽. 众包：一种新兴的财务共享服务组织模式 [J]. 中国注册会计师，2017（08）：98-102.

[39] 胡绍学. 大数据时代我国企业财务共享服务中心的优化 [J]. 财政监督，2018（01）：94-99.

[40] 常青. 基于财务共享的企业集团财务管理模式创新 [J]. 商业会计，2019（23）：15-19.

[41] 李赛娟. 基于 ERP 的财务共享服务中心设计 [J]. 财会月刊，2013（15）：74-75.

[42] 官小玲. 财务共享服务中心的风险管理研究 [D]. 广州：暨南大学，2015.

[43] 张敏济. 基于大数据智能化的财务共享服务中心运营管理优化研究 [D]. 重庆：重庆理工大学，2019.

[44] 马雪莲. 基于规则引擎的某企业业务审批系统的设计与实现 [D]. 北京：北京工业大学，2013.

[45] 秦奇. 财务共享下业务流程再造研究 [D]. 蚌埠：安徽财经大学，2015.

[46] 陈曼. 基于 ERP 系统的财务共享服务中心在企业集团中的应用研究 [D]. 北京：

北京交通大学，2016.

[47] 祝志飞. 基于Drools规则引擎的管理会计系统设计与实现[D]. 上海：复旦大学，2014.

[48] 刘红菊. 财务共享模式下基于大数据智能化的Z建筑企业管理会计报告生成优化研究[D]. 重庆：重庆理工大学，2019.

[49] 于秀娟. 共享服务模式下的投资项目预算管理体系研究[D]. 北京：北京邮电大学，2014.